MIX
Papier aus verantwortungsvollen Quellen
Paper from responsible sources
FSC® C105338

Marcella Birke

Psychosoziale Auswirkungen der Binnenvertreibung in Kolumbien

Erzählungen von betroffenen Kindern in Bucaramanga, Kolumbien

Diplomica Verlag GmbH

Birke, Marcella: Psychosoziale Auswirkungen der Binnenvertreibung in Kolumbien: Erzählungen von betroffenen Kindern in Bucaramanga, Kolumbien, Hamburg, Diplomica Verlag GmbH 2013

Buch-ISBN: 978-3-8428-9593-5
PDF-eBook-ISBN: 978-3-8428-4593-0
Druck/Herstellung: Diplomica® Verlag GmbH, Hamburg, 2013

Bibliografische Information der Deutschen Nationalbibliothek:
Die Deutsche Nationalbibliothek verzeichnet diese Publikation in der Deutschen Nationalbibliografie; detaillierte bibliografische Daten sind im Internet über http://dnb.d-nb.de abrufbar.

Hermannstal 119k, 22119 Hamburg
http://www.diplomica-verlag.de, Hamburg 2013
Printed in Germany

Danksagung

Mein besonderer Dank gilt Professor Dr. Stubbe für die Betreuung und Begutachtung meiner Studie. Ohne seine Anregungen und Unterstützung wäre die Realisierung meines besonderen Forschungsvorhabens nicht möglich gewesen.

Bedanken möchte ich mich auch bei Dr. Pfeiffer für seinen Rat und seine Unterstützung, vor allem bei den Auswertungen der erhobenen Daten.

Meine Gedanken gehen aber in dieser Stunde auch an die Schuldirektorin María Lilia Calderón Tamayo sowie den Lehrerinnen der *Institución Educativa INEM, San Pablo, Sede H.* Ohne ihre Mitwirkung und Hilfe wären die Untersuchungen der Studie in der Form nicht denkbar gewesen.

Mein besonderer Dank gilt meinen Eltern und meiner Familie in Kolumbien für ihre bedingungslose Unterstützung sowie ihren ermutigenden Glauben.

Luzia Heidecke, Jasna Vucic und Azadeh Bakhtiary danke ich vor allem für ihren Rat, ihre Motivation und Unterstützung in dieser Zeit und meinem Bruder Christian Birke, Michelle Weber, Betzabé Favela Wettengel, Anna Spieker sowie meinem Vater Burkhard Birke für ihre Hilfe bei meiner Studie.

Besonders am Herzen liegen mir natürlich all die Kinder, die an dieser Studie mitgemacht haben. Ihnen gilt mein ganz spezieller Dank, denn ohne sie wäre diese Studie nicht zustande gekommen.

Inhaltsverzeichnis

1 Einleitung

„Si no existiera violencia, todos saldrían a la calle. No habiera robos, estarían todos más tranquilos, no habieran cuchillos ni nada. Estaríamos jugando tranquiiilos. Haciendo las cosas tranquilos" (Jaime, 9 Jahre).[1]

Der 9-jährige Binnenflüchtling Jaime erklärt in Bezug auf die in Kolumbien herrschende Gewalt: „Wenn es keine Gewalt gäbe, würden alle auf die Straße gehen. Es gäbe keine Diebstähle, alle wären unbesorgter, es gäbe keine Messer und gar nichts in der Art. Wir könnten unbesorgt spielen. Die Dinge unbekümmert machen."

Aktuell ist Kolumbien weltweit das Land mit der höchsten Zahl an Binnenflüchtlingen (ca. 5.3 Millionen), von denen etwa die Hälfte Kinder sind. Diese Binnenflüchtlinge stellen mittlerweile ungefähr 10% der kolumbianischen Bevölkerung dar, d.h. dass ca. 5% der kolumbianischen Kinder, meist infolge des in Kolumbien herrschenden bewaffneten Konfliktes, des sog. *conflicto armado*, von ihren Heimatorten vertrieben worden sind. Diese Vertreibung beinhaltet für gewöhnlich eine Vielzahl negativer Auswirkungen auf das psychische Wohlbefinden sowie allgemein auf die Lebenssituation der betroffenen Individuen (Internal Displacement Monitoring Centre [IDMC]; Norwegian Refugee Council [NRC], 2012).

Das Interesse an der Erforschung der Effekte der Vertreibung auf kolumbianische Kinder lässt sich primär durch meinen persönlichen Bezug zu Kolumbien sowie der vor einigen Jahren im Rahmen einer ehrenamtlichen Mitarbeit in einem Kinderheim in Bogotá, der Hauptstadt Kolumbiens, gewonnenen Erfahrungen im Zusammenhang mit solchen vertriebenen Kindern erklären. Dieses Interesse an den Besonderheiten der *niños desplazados*, also an Kindern, die innerhalb Kolumbiens vertrieben worden sind, festigte sich während eines Praktikums in einer Klinik für Kinder- und Jugendpsychiatrie in Deutschland. Bei diesem Praktikum kam ich zu dem Schluss, dass einige der bei den deutschen psychisch erkrankten Kindern erkennbaren auffälligen Verhaltensweisen, dem Verhalten der vertriebenen Kinder in Kolumbien stark ähnelten, diese aber im Kontrast zu den deutschen Kindern zusätzlich soziokulturelle Besonderheiten aufwiesen. Zudem fiel mir im Zuge meines Studiums, v.a. im Fach Anthropologische Psychologie, an der Universität zu Köln damals auf, dass sich zum einen kaum Studien zu diesem Thema mit Kindern

[1] *Übers. v. Verf.*; gilt auch für alle folgenden Zitate der befragten Kinder.

befassten und zum anderen, zumindest im Bereich der Psychologie, keine Arbeiten in deutscher Sprache vorlagen.

Aus diesen Gründen entschloss ich mich zu einem dreimonatigen Forschungsaufenthalt in der Stadt Bucaramanga im Nordosten Kolumbiens, um einen tieferen Einblick in die psychologischen Besonderheiten dieser niños desplazados zu erhalten. Die Wahl des spezifischen Gegenstandes der vorliegenden Studie wurde aufgrund der hohen Anzahl an Kindern innerhalb dieser Bevölkerungsgruppe und der mangelnden Erforschung ihrer subjektiven Sicht getroffen (vgl. 2.2.10).

Ziel des Forschungsaufenthaltes war also die Exploration der psychosozialen Auswirkungen des *desplazamiento por violencia*, also der Binnenvertreibung aufgrund der Gewalt in Kolumbien, aus der Perspektive von vertriebenen Kindern an einer staatlichen Grundschule in Bucaramanga, Kolumbien. Hierfür wurden in dem Zeitraum von Mai bis Juli 2011 vertriebene Kinder zu den Auswirkungen dieser Vertreibung auf ihre Gedanken, Gefühle und Verhalten in Kolumbien befragt, um auf diese Art und Weise einen tieferen Einblick in die subjektive Sicht von niños desplazados zu bekommen.

2 Theoretischer Hintergrund

2.1 *Desplazamiento*

2.1.1 Begriffsbestimmung

Desplazado – oder Internally Displaced Person (IDP)

Die *Guiding Principles on Internal Displacement* der Vereinten Nationen definieren Binnenflüchtlinge, also ***Internally Displaced Persons*** *(IDP),* wie folgt:

> „Persons or group of persons who have been forced or obliged to flee or to leave their homes or places of habitual residence, in particular as a result of or in order to avoid the effects of armed conflict, situations of generalized violence, violations of human rights or natural or human-made disasters, and who have not crossed an internationally recognized State border" (IDMC; NRC, 2012, S. 14).

Diese Definition beleuchtet zwei Bestandteile; zum einen den *erzwungenen* bzw. *unfreiwilligen Charakter* der Migration (z.B. aufgrund von bewaffneten Konflikten, Gewalt oder Menschenrechtsverletzungen) und zum anderen die Tatsache, dass die Migration *innerhalb der nationalen Landesgrenzen* stattfindet. Letzteres hat zur Konsequenz, dass IDPs im Gegensatz zu Flüchtlingen, die auch aufgrund physischer, politischer, militärischer oder ökonomischer Bedrohung bzw. Gewalt ihre Heimat verlassen müssen (Stubbe, 2005), aus legaler Sicht unter dem Schutz nationaler Behörden bleiben, und nicht wie Flüchtlinge unter dem Schutz des internationalen Rechtes. Infolgedessen sollten IDPs die gleichen Rechte genießen können, wie der Rest der Landesbevölkerung (IDMC). In Kolumbien verfügen die IDPs bspw. aufgrund besonderer Gesetzgebungen über einen besonderen *nationalen Status*, der durch mehrere Gesetzte und Instanzen gesichert wird.

Desplazamiento

Allgemein sind unter *Migration* Bevölkerungsbewegungen im geographischen und sozialen Raum zu verstehen, die sowohl innerhalb eines Landes als auch über dessen Landesgrenzen hinaus stattfinden können. Die unterschiedlichen Gründe, die eine Migration zur Folge haben können (z.B. politische, sozioökonomische oder ökologische), charakterisieren die Art der Migration. Dementsprechend wird zwischen *erzwungener interner* (z.B. IDP) und *externer Migration* (z.B. Flüchtling) sowie *freiwilliger Migration* (z.B. ein Expatriate) unterschieden. Darüber hinaus kann die Migration als vorübergehend oder endgültig spezifiziert werden (Stubbe, 2005).

Arbeitsdefinition

Beim *desplazamiento interno* (interne Vertreibung oder Binnenvertreibung) in Kolumbien handelt es sich demnach um eine Art interne Migration wobei der Begriff *desplazamiento forzado* (erzwungene Vertreibung) auf treffendere Art und Weise den erzwungenen Charakter dieser Migration betont. In Kolumbien entsteht *desplazamiento forzado* neben den verschiedenen politischen Gründen auch durch Naturkatastrophen (z.B. die heftigen Regenfälle infolge von *La Niña*). In der vorliegenden Studie interessiert aber das *desplazamiento por violencia*, also die Vertreibung aufgrund von Gewalt. Demzufolge ist im Folgenden mit *desplazado* bzw. *desplazamiento* der Vertriebene bzw. die Vertreibung aufgrund von der sozialpolitischen Gewalt im Kontext des *conflicto armado* (dem bewaffneten Konflikt) in Kolumbien gemeint und mit *niños desplazados*, die innerhalb der kolumbianischen Nationalgrenzen vertriebenen Kinder.

2.1.2 Ursachen des desplazamiento por violencia in Kolumbien

Der interne bewaffnete Konflikt und die von den verschiedenen bewaffneten Gruppierungen verursachten Menschenrechtsverletzungen, haben in Kolumbien seit über 50 Jahren zu massiver Binnenvertreibung geführt. Zu diesen Gruppierungen gehören zum einen Guerilla- und Paramilitärgruppen wie die *Revolutionären Streitkräfte Kolumbiens* (FARC), die *Nationale Befreiungsarmee* (ELN), die *Vereinigten Selbstverteidigungskräfte Kolumbiens* (AUC), die neuen paramilitärischen Gruppierungen, die nach deren Demobilisierung zwischen 2003 und 2006 entstanden sind und zum anderen die kolumbianischen Sicherheitskräfte (Militär und Polizei). Die Beweggründe der Guerilla- und Paramilitärgruppen für diese Vertreibung sind u.a.: Die Ausweitung ihrer strategischen militärischen Präsenz, die Sicherung von Anfahrtswegen, die Etablierung von Gebieten politischer Einflussnahme und daneben wirtschaftliche Gründe (Sicherung von Landflächen für Kokaplantagen oder für große Projekte von Unternehmensgruppen) (IDMC; NRC, 2012).

Im Großen und Ganzen kann der conflicto armado (der bewaffnete Konflikt), als die Hauptursache der Vertreibung in Kolumbien gesehen werden. An dieser Stelle ist es wichtig zu betonen, dass das desplazamiento für die Betroffenen in diesem Sinne eine lebenserhaltende Maßnahme darstellt. Im Jahre 2008 hat die *Civil Society Monitoring Commission* versucht, die einzelnen Gründe zu erfassen, welche diese Menschen zu einer Flucht treiben. Demnach flüchten die desplazados in Kolumbien primär aufgrund von:

- Direkten Bedrohungen durch illegale Gruppierungen (43.7%)
- Massakern (11.7%)
- Ermordungen von Familienmitgliedern (11%)
- Direkte Bekämpfung zwischen den im *conflicto armado* beteiligten Parteien (10.5 %)
- Ermordungen von Nachbarn oder Freunden (7.4 %)
- Indirekten Bedrohungen (6.5 %) und
- Zwangsrekrutierungen (3.5 %) (Civil Society Monitoring Commission, 2008; in IDMC; NRC, 2009).

Zusammenfassend lässt sich festhalten, dass desplazamiento forzado als Ausdruck des bewaffneten Konfliktes in Kolumbien und den hiermit verbundenen diversen Gewaltformen eingestuft werden kann. Laut dem *Alto Comisionado de las Naciones Unidas para los Refugiados* (ACNUR), der repräsentativen Instanz in Kolumbien der *United Nations High Commission for Refugees* (UNHCR), stellt desplazamiento forzado eine Verletzung der Menschenwürde und gleichzeitig einer der gravierendsten Verstoße gegen die Normen des Internationalen Menschenrechtes dar (ACNUR, 2001 in Rodríguez, Díaz, Niño, Samudio, & Silva, 2005).

2.1.3 Migrationsmuster der desplazados in Kolumbien

Laut dem Internal Displacement Monitoring Centre (IDMC) und dem Norwegian Refugee Council (NRC) (2011), kann man bei den desplazados in Kolumbien folgende Migrationsmuster unterscheiden:

- Mass vs. individual displacement
- Displacement from rural to urban settings
- Urban displacement
- Multiple displacement
- Displacement of Ethnic groups

Die individuelle Vertreibung, oder wie sie in Kolumbien genannt wird, die *tropfenweise Vertreibung* (*gota a gota*), ist mit 92% das in Kolumbien am weitesten verbreitete Migrationsmuster. Trotz eines Anstiegs der innerstädtischen Vertreibung (*intra-urban displacement*), bleibt die Vertreibung von ländlichen Gegenden in städtische Gegenden (*rural-urban*) nach wie vor das vorherrschende Muster. Die desplazados, die aus ländlichen Gegenden kommen, flüchten meistens in die Großstädte (u.a. Bogotá, Barranquilla, Medellín, Cali, Cartagena und Bucaramanga), wo sie sich dann i.d.R. in Slumgegenden niederlassen (Departamento Nacional de Planeación, 30 Juni 2008; in IDMC; NRC, 2009). Wobei die desplazados in alle sechs Regionen Kolumbiens flüchten, wie auf der Landkarte (vgl. Abb. 1) gut zu erkennen ist. Die Mehrzahl der desplazados (86,2%) sind nur ein Mal vertrieben worden; allerdings haben 13,8% multiple Vertreibungen erfahren (Comisión de Seguimiento, 30 Juni 2009; in IDMC; NRC, 2009). Diese Form der Vertreibung, die in Kolumbien ebenfalls anzutreffen ist, wird auch als *protracted displacement* bezeichnet:

> „ ... a situation in which the process for finding durable solutions for internally displaced people is stalled, and/or IDPs are marginalised as a consequence of a lack of protection of their human rights" (IDMC; NRC, 2012, S. 16).

Ethnische Minderheitsgruppen wie die Afrokolumbianer und die Indigenen, sind in Kolumbien besonders von der Vertreibung betroffen (v.a. von Massenvertreibungen aufgrund ihrer kommunalen Lebensformen). Dementsprechend machen diese beiden Gruppen zusammengenommen 26 % aller desplazados in Kolumbien aus, welches im Vergleich zu dem von ihnen bestrittenen Bevölkerungsanteil (5%), umso besorgnis-erregender erscheint.

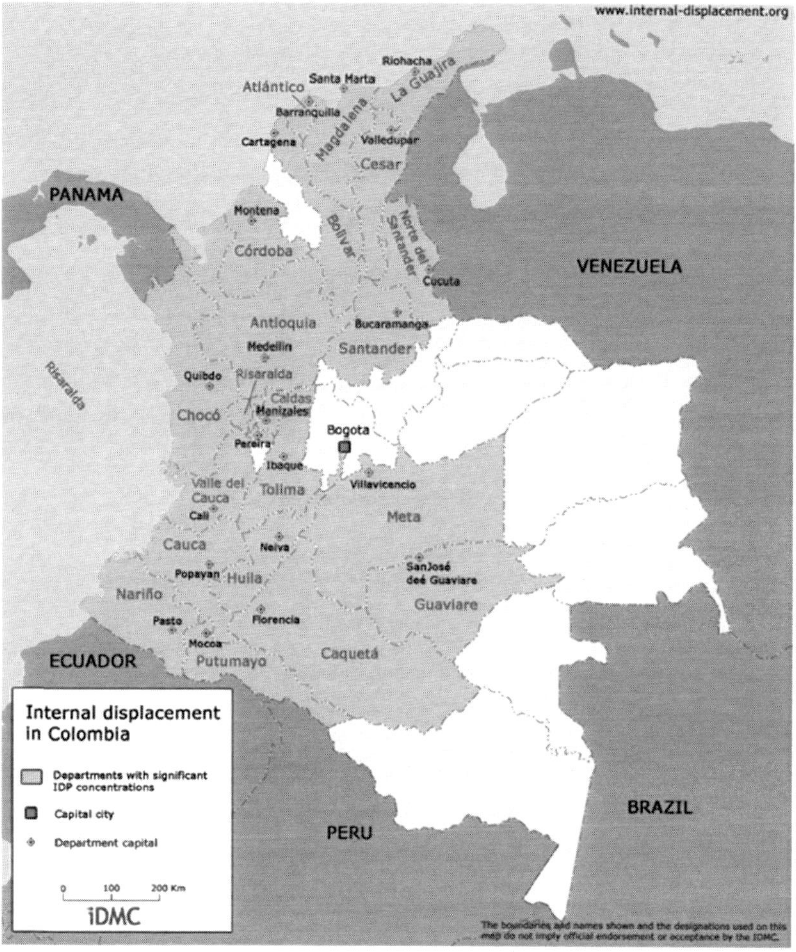

Abbildung 1 Internal displacement in Colombia (vgl. IDMC, 2012)

2.1.4 Bevölkerungszahlen

International

Die Anzahl Internally Displaced Persons (IDPs) aufgrund von bewaffneten Konflikten, allgemeiner Gewalt oder der Verletzung von Menschenrechten, lag Ende des Jahres 2011 weltweit bei 26.4 Millionen (IDMC; NRC, 2012). Von diesen sind mindestens 13.5 Millionen Kinder, die durch die Vertreibung und die Flucht mit zu den vulnerabelsten Mitgliedern der Gesellschaft gezählt werden müssen (IDMC, 2012). Kolumbien ist weltweit das Land mit der höchsten IDP-Bevölkerungsgruppe (3.9 – 5.3 Millionen), gefolgt vom Irak (2.3 – 2.6 Millionen), Sudan (2.2 Millionen), der Demokratischen Republik Kongo (1.7 Millionen) und Somalia (1.5 Millionen) (IDMC; NRC, 2012).

Kolumbien

Vor der Darlegung der Kennzahlen des Bevölkerungsanteils von IDPs oder desplazados an der Gesamtbevölkerung Kolumbiens, sollen die Ursachen für die Unstimmigkeiten zwischen den Kennwerten des Systems der kolumbianischen Regierung (*Registro Único de Población desplazada* oder RUPD) und der Nichtregierungsorganisation CODHES (*Consultoría para los Derechos Humanos y el Desplazamiento*) kurz aufgeklärt werden bzw. auf die diesbezüglich entstehende Problematik hingewiesen werden. Die Ursache für die Differenz in den Kennwerten lässt sich im Grunde genommen auf Unterschiede in der Methode sowie auf den Beginn der Datengewinnung durch die beiden Instanzen zurückführen. CODHES begann bereits 1993 mit der systematischen Datensammlung, d.h. sieben Jahre vor der Regierungsinstanz RUPD, die im Gegensatz dazu erst im Jahr 2000 mit der Registrierung der desplazados in Kolumbien anfing. Eine weitere Schwierigkeit besteht nach wie vor in der mangelnden Registrierung von Seiten der desplazados im RUPD. Die Gründe hierfür sind in einer mangelnden Aufklärung der desplazados bzw. fehlenden Informationen, Angst und der Verweigerung der Aufnahme von manchen desplazados in das Register zu sehen (Comisión de Seguimiento, 2009; in IDMC; NRC, 2009). Zudem durften sich die desplazados eine bestimmte Zeit lang nur ein Jahr nach der Vertreibung registrieren. Darüber hinaus sammelt CODHES die Informationen anhand verschiedener Quellen (*cross-referencing system*), um zu einer Einschätzung der Anzahl an desplazados zu gelangen und berücksichtigt im Gegensatz zu der Regierungsinstanz zusätzlich die innerstädtische Vertreibung, Vertreibung aufgrund der Gewalt von neuen paramilitärischen Gruppierungen sowie der Ausräucherung von Kokaplantagen. Im Vergleich zu CODHES wendet das RUPD eine Pro Kopf Auszählung an, welches im Zusammenhang mit der dargestellten Problematik der *Unterregistrierung* von Seiten der desplazados logischerweise zu einem verzerrten Zensus führt und mit gravierenden Konsequenzen für die Betroffenen verbunden ist, da diese Registrierung gleichzeitig die Voraussetzung für die Berechtigung zur staatlichen Hilfestellung darstellt (IDMC; NRC, 2011).

Demnach befanden sich den Einschätzungen CODHES zufolge bis Juni 2011 bis zu 5.281.360 Millionen Binnenflüchtlinge in Kolumbien, im Kontrast hierzu hatte das RUPD bis September 2011 nur 3.875.987 Millionen desplazados registriert. Der Anteil der desplazados an der Gesamtbevölkerung Kolumbiens beträgt 8%–11.2% (IDMC; NRC, 2011, 2012).

Kinder

Im RUPD sind 65.5% der registrierten desplazados jünger als 25 Jahre, das Durchschnittsalter beträgt 21.9 Jahre und mehr als 50% der vertriebenen Bevölkerung ist unter 18 Jahre alt. Frauen machen 52% der gesamten vertriebenen Bevölkerung aus und 43.4% der Haushalte haben ein weibliches Familienoberhaupt (Comisión de Seguimiento, Garantizar la Observancia de los Derechos de la Población Desplazada, 30 April 2009; in IDMC; NRC, 2011). Die vertriebenen Familien haben im Durchschnitt 5.2 Kinder, im Vergleich zu 4 Kindern bei nicht vertriebenen kolumbianischen Familien (Civil Society Monitoring Commission, 2010; in IDMC; NRC, 2011).

Im Zuge des besonderen nationalen Status der desplazados in Kolumbien und speziell des Rechtes dieser Kinder auf eine kostenfreie Grundschulausbildung waren 2010 bis zu 87.1% der vertriebenen Kinder eingeschult. Wobei die Situation für die Jugendlichen nicht so vielversprechend aussieht, da im Gegensatz zu 63% bei den nicht vertriebenen Jugendlichen, nur 50% einen Zugang zu einer weiterführenden Ausbildung genossen. Zudem stellt das Alter der Schulkinder bzw. der Jugendlichen ein Problem dar: Im Vergleich zu den 17% nicht vertriebenen Schulgängern, die noch im Alter von 12 bis 15 Jahren die Grundschule besuchen, beträgt diese Zahl bei den desplazados bis zu 34% (IDMC; NRC, 2011).

Insgesamt kann in Bezug auf die Lebenssituation dieser Bevölkerungsgruppe festgehalten werden, dass die Vertreibung für diese mit weitreichenden negativen Auswirkungen in quasi alle ihren Lebensbereiche verbunden ist. Für detaillierte Informationen zur Situation der vertriebenen Bevölkerung in Kolumbien sei an dieser Stelle auf die Berichte bspw. vom IDMC sowie auf die Informationen von CODHES und Acción Social hingewiesen.

Bucaramanga

Den offiziellen Kennzahlen der Regierung nach, hatten sich bis Mai 2011 im *Departement* Santander in Kolumbien bis zu 142714 desplazados im RUPD registriert (Acción Social, 2012). In der Hauptstadt des Departments Bucaramanga, die ca. 1 Millionen Einwohner hat (Municipio de Bucaramanga, 2012), meldeten sich ca. 31% dieser desplazados (44073) (Acción Social, 2012). An dieser Stelle sei erneut auf die Problematik hinsichtlich der Methode der Datengewinnung des RUPD hingewiesen, die dazu führt, dass diese Zahlen mit Sicherheit in der Realität um Einiges höher ausfallen.

2.2 Psychosoziale Auswirkungen des desplazamiento bei Kindern und Jugendlichen

2.2.1 Begriffsbestimmung

Bevor auf die psychosozialen Auswirkungen der Vertreibung aufgrund der Gewalt bei Kindern in Kolumbien näher eingegangen wird, erscheint es der Autorin wichtig, den Begriff *psychosozial* bzw. *psychosoziale Auswirkungen* näher zu erläutern – vor allem aus dem Grund, dass keine Übereinkunft darüber zu bestehen scheint, was genau unter psychosozial zu verstehen ist (Fundación Dos Mundos, 1998; in Navia & Solano, 2009).

Im deutschsprachigem Raum findet sich folgende Definition:

> „Kennzeichnet die Bedingtheit psychischer Faktoren (z.B. Lernen, Denken, Verhalten) durch soziale Gegebenheiten (Sprache, Kultur, Gesellschaft)“ (Meyers Lexikonverlag, 1986, S.293).

Im Zusammenhang mit der Erforschung des psychosozialen Wohlbefindens von Flüchtlingen heißt es in Bezug auf den Begriff *psychosocial*:

> „ ... pertaining to the influence of social factors on an individual's mind or behaviour, and to the interrelation of behavioral and social factors“ (The Oxford English Dictionary, Simpson and Weiner, 1991; in Ahearn, 2000, S. 4).

Navia und Solano (2009) führen weiter aus, dass unter psychosozial allgemein eine Herangehensweise angesehen wird, die menschliche Phänomene aus einer Beziehungsperspektive heraus beschreibt. Das Psychosoziale bezieht sich auf das Individuum und seine emotional relevante Umgebung, in der das Individuum Symbole und Bedeutungen auf interaktive Art und Weise erstellt. Gleichzeitig bedeutet dies, das Verständnis von Phänomenen aus einer Perspektive, die das Subjektive und das Soziale miteinschließt. In diesem Sinne beinhaltet eine solche Perspektive die Annahme, dass gewalttätige Ereignisse wie z.B. Menschenrechtsverletzungen auf der psychologischen und auf der kollektiven Ebene Auswirkungen haben können. Eine psychosoziale Betrachtungsweise bedeutet also, Erscheinungen aus einer integrativen Sicht heraus zu verstehen und anzugehen (Fundación Dos Mundos, 1998; in Navia & Solano, 2009).

Da es sich bei dem betrachteten Phänomen um die Konsequenzen einer gesellschaftlichen Problematik handelt, muss die psychologische Untersuchung der Konsequenzen zwingend in einen sozialpolitischen Kontext eingebettet werden (Correa & Rueda, 2000). Die psychosozialen Auswirkungen entstehen nämlich hier aus der Wechselwirkung zwischen den sozialpolitischen Begebenheiten (bewaffneter Konflikt etc.) und der individuellen Reaktion eines jeden desplazados. Wie in Kapitel 2.1.2 erläutert wird ist das desplazamiento als direkte Folge des conflicto armado einzuordnen. Gäbe es den conflicto armado mit seinen gravierenden Konsequenzen nicht, so gäbe es auch kein desplazamiento. Dies bedeutet, dass sich die psychologischen und sozialen Auswirkungen auf direkte Art und Weise gegenseitig beeinflussen.

Demnach bedeutet dies, dass die Betrachtung der psychosozialen Auswirkungen des desplazamiento sich sowohl auf die Auswirkungen beim Individuum selbst, als auch auf die Auswirkungen in Bezug auf die Interaktion des Individuums mit seinem sozialen Umfeld bezieht. Es werden also zum Einen die Auswirkungen auf das Emotionale beim Individuum selbst, und zum Anderen auf das Relationale (i.S. einer Interaktion der Individuums mit dem sozialen Umfeld) betrachtet (Arias & Ruiz Ceballos, 2000).

Bei der folgenden Darstellung der psychosozialen Auswirkungen *des desplazamiento por violencia* sei vorab erneut darauf hingewiesen, dass es sich bei diesem Phänomen um eine direkte Konsequenz des bewaffneten Konfliktes in Kolumbien handelt. Infolgedessen ist es in der Praxis unmöglich die psychosozialen Auswirkungen alleine (direkt) auf die Vertreibung zurückzuführen. Vielmehr müssen die vor der Vertreibung vorzufindenden kriegsbezogenen Stressoren bei den Auswirkungen dieser als mitwirkende Kräfte verstanden werden. Dennoch soll, so weit dies realisierbar ist, im folgenden Abschnitt versucht werden diejenigen Auswirkungen, die sich größtenteils auf die Vertreibung zurückführen lassen, einzuordnen.

2.2.2 Desplazamiento als Prozess

Bei der Betrachtung der psychosozialen Auswirkungen der Vertreibung in Kolumbien ist es wichtig, den prozessualen Charakter dieses Phänomens zu beachten, da sich allgemein vorherige Lebensereignisse (*life events*) und Lebenserfahrungen auf nachfolgende (menschliche) Entwicklung auswirken (Bronfenbrenner, 2005). In diesem besonderen Falle sind die verschiedenen Erlebnisse gemeint, welche die Kinder und Jugendlichen in Verbindung mit der Vertreibung zu verschiedenen Zeitpunkten gemacht haben: Ereignisse, die der Vertreibung vorangegangen sind (z.B. das Erleben von Gewalttaten, Traumata etc.), der Grund für und die Rahmenbedingungen der meist gewalttätigen und traumatischen Vertreibung sowie die Lebensbedingungen im Anschluss an die Flucht. Dies ist insbesondere deshalb ausschlaggebend, weil das Ausmaß und auch die Art der Auswirkungen des desplazamiento von den verschiedenen Ereignissen und Faktoren sowie dessen Wechselwirkungen mitbedingt werden, die zu jedem dieser Zeitpunkte anzutreffen sind.

Lebenssituation vor dem desplazamiento

In den meisten Fällen stammen die desplazados aus ländlichen Gegenden, in denen sich der bewaffnete Konflikt primär abspielt. Dies bedeutet, dass sich die Lebensweise der Kinder und Jugendlichen (Familiendynamik, Sozialisation, Schule) mit der Vertreibung größtenteils schlagartig verändert. Ein äußerst wichtiger Aspekt ist, dass die Kinder und Jugendlichen nicht nur während, sondern meist bereits *vor* der gewalttätigen und traumatischen Vertreibung mit dem einen oder anderen bewaffneten Akteur in Kontakt getreten sind bzw. zusammengelebt haben (Andrade Truyol & Alvarez, 2000, S) und i.d.R. mit traumatischen kriegsbezogenen Stressoren konfrontiert worden sind (Folter, Massaker, gezielte Tötungen, Verschwinden und Entführungen, Bombardierungen, bewaffnete Auseinandersetzungen, Drohungen, Rekrutierungsgefahr). Mit dem Eintreten der bewaffneten Gruppierungen wird ihr einst friedlicher Lebensraum zum Kriegsschauplatz, was unter anderem dazu führt, dass die Familiendynamik bspw. durch die Angst vor der *Entscheidung* dominiert wird, ob mit den bewaffneten Gruppierungen kollaboriert (freiwillig oder unfreiwillig) werden soll oder nicht. Die Anwesenheit der bewaffneten Gruppierungen im Rahmen des bewaffneten Konfliktes führt zu Veränderungen in der Sozialisation der Kinder und Jugendlichen (Angst vor den Mitspielern des Krieges, Wunsch am Krieg mitzuwirken oder die erzwungene Rekrutierung, Elemente des Krieges im Spiel) (Arias & Ruiz Ceballos, 2000).

Die (vorherige) Sozialisation der Kinder und Jugendlichen hat notwendigerweise einen Einfluss auf das Erleben und auf die Konsequenzen der Ereignisse, würde aber den Rahmen der vorliegenden Studie sprengen und somit soll gesagt bleiben, dass dies ein wichtiger Aspekt ist, der bei der Interpretation zu berücksichtigen ist.

Desplazamiento

Die desplazados flüchten von ihren Heimatorten, um ihr eigenes Leben und das ihrer Angehörigen zu beschützen. Desplazamiento kann als ein traumatisches Ereignis gewertet werden, welches die individuelle Stabilität einer Person sowie die Widerstandsfähigkeit bzw. den Zusammenhalt der Kernfamilien und der sozialen Netzwerke auf die Probe stellt (Camilo, 2000).

Desplazamiento ist ein komplexes Phänomen, das von unzähligen Faktoren beeinflusst wird und als Ereignis bewertet worden ist, das Krisen auslösen kann (Palacio, 1999, zitiert nach Rodríguez, Díaz, Niño, Samudio, & Silva, 2005). Dementsprechend muss bei der Untersuchung des desplazamiento als *Krisenauslöser* die traumatische Dimension mitberücksichtigt werden: Diese besteht zum einen aus den Ereignissen, welche die Vertreibung begleiten, und zum anderen aus ihren Folgen. Dementsprechend führen u.a. die Lebensbedrohungen, die Morde von Nahestehenden und die Foltern i.d.R. bei den Betroffenen zu hohen Stresspegeln und zu einem hohen Grad an Ungewissheit in Bezug auf ihre Zukunft (Rodríguez et al., 2005).

Ein entscheidender Aspekt ist außerdem, dass die Eltern diejenigen sind, die die *Entscheidung* zur Flucht treffen und die Kinder bei dieser kein Mitspracherecht haben. Dies wirkt sich wiederum auf das emotionale Erleben der Situation der Kinder und Jugendlichen aus; v.a. dann wenn diese gerne am Herkunftsort geblieben wären. Gleiches gilt für die Wahl der Gegenstände, die sie mitnehmen: Häufig kann man bei Kindern beobachten, dass der Schmerz eher an die Gegenstände gebunden ist, die zurückgelassen wurden und zu denen ein emotionaler Bezug bestand als an die eigentlichen Gewalttaten (Hinrichtung, Massaker etc.). Die größte emotionale Belastung stellen die Schuldgefühle dar, die Kinder und Jugendlichen empfinden, wenn die Entscheidung zur Flucht im Zusammenhang mit der Absicht stand sie vor einer erzwungenen Rekrutierung durch die bewaffneten Gruppierungen zu bewahren (Arias & Ruiz Ceballos, 2000).

Danach

Eines der gravierendsten Probleme des desplazamiento und seiner Folgen besteht darin, dass die Lebenssituation der desplazados nach der Flucht meist schlimmer als an ihrem Herkunftsort ist. Somit nimmt das Drama mit einer *erfolgreichen* Flucht kein Ende, sondern nimmt einen neuen, oder anderen Charakter an (Andrade Truyol & Alvarez, 2000).

Laut Andrade Truyol und Alvarez verändert sich das Leben der vertriebenen Minderjährigen auf radikale Art und Weise: So gehen diese Minderjährigen von einer relativ harmonischen Zeit bzw. einem relativ harmonischen Lebensraum zu einem grundsätzlich feindlichen, aggressiven Lebensraum über, dem es an sozialen, wirtschaftlichen und menschlichen Chancen mangelt. Dies sind sodann bezeichnende Situationen, welche die soziale und affektive Entwicklung der Minderjährigen prägen (Andrade Truyol & Alvarez, 2000).

Bei der Betrachtung der Auswirkungen des desplazamiento ist es zudem wichtig, zwischen den kurz- und den langfristigen Effekten zu unterscheiden, da diese unterschiedlich ausfallen können. So kann es sein, dass die desplazados bspw. im ersten Moment nach der Flucht primär unter einer Traumatisierung leiden, deren Folgen sich zu einem späteren Zeitpunkt zu einer psychischen Störung entwickeln könnten. Ausschlaggebend hierfür ist der Zeitraum, der seit der Flucht vergangen ist.

Variablen

Neben der Berücksichtigung des zeitlichen Verlaufs des desplazamiento ist es unabdingbar bei der Betrachtung der psychosozialen Auswirkungen der Vertreibung auf Kinder und Jugendliche neben den Erfahrungen, die diese gemacht haben, weitere Faktoren (z.B. die Persönlichkeit des Kindes, verfügbare Ressourcen etc.) mit einzubeziehen, da diese auf verschiedenen Ebenen und in Wechselbeziehung zueinander wirken können und sich folglich insgesamt auf Ausmaß und Auswirkungen der Vertreibung auf die Kinder auswirken können.

2.2.3 Wechselwirkungen

Die Vertreibung aufgrund der Gewalt in Kolumbien hat für die Betroffenen neben der individuellen Betroffenheit auf verschiedensten Ebenen zahlreiche negative Folgen. Es handelt sich um ein hoch komplexes Phänomen, bei dem das Auftreten und Ausmaß der Auswirkungen von verschiedenen Faktoren und der Wechselwirkung zwischen diesen mitbedingt wird, und daher empfiehlt es sich bei der Betrachtung der Auswirkungen von

Vertreibung (v.a. bei Kindern und Jugendlichen) einen integralen Ansatz zu wählen, der neben dem traumatischen Ereignis des desplazamiento, weitere Faktoren berücksichtigt (Ahearn, 2000; Joshi & O'Donnell, 2003; Adam 2005; Stichick Betancourt & Tanveer Khan, 2008; Elbedour, Ten Bensel, & Bastien, 1993; Sabatier, Palacio Sañudo, & Tousignant, 2010).

> „Both during war or during an act of terror and throughout the years that follow, children face numerous losses and threats to optimal development. States of warfare and terrorism encompass multiple, often chronic, traumatic events that affect the entire spectrum of contextual, interpersonal, and intrapersonal realms. Patterns of processes within these domains involve complex reciprocal interactions among children and their multilayered environments" (Bronfenbrenner, 1988; zitiert nach Joshi & O'Donnell, 2003, S. 278).

Dementsprechend empfehlen mehrere Autoren bei der Betrachtung der Effekte politischer Gewalt auf die psychische Gesundheit der Opfer die Wahl eines *ökologischen Ansatzes*, der die unterschiedlichen Variablen und dessen Interaktionen berücksichtigt (Barman, 2001; Boothy, 1992; Brajsa-Zganec, 2005; Farwell & Cole, 2001; Garbarino & Kostelny, 1996; Jensen & Shaw, 1993; McCallin, 1991; Smith & Perrin, Yule, & Rabe-Hesketh, 2001 zitiert nach Sabatier, Palacio Sañudo, & Tousignant, 2010). Es lassen sich verschiedene Ansätze finden, die mit unterschiedlichen Forschungsschwerpunkten die Auswirkungen von Krieg auf die geistige Gesundheit von Kindern aus einer sozialökologischen Perspektive heraus beleuchten:

Sabatier, Palacio Sañudo und Tousignant (2010) haben bspw. bei der Erforschung der Auswirkungen der Vertreibung innerhalb Kolumbiens aufgrund der herrschenden politischen Gewalt auf die psychische Gesundheit von Jugendlichen einen Ansatz gewählt, der verschiedene Variablen und die Interaktion zwischen diesen mitberücksichtigt. Hierfür haben sie eine durch Walton, Nuttall und Vasquez Nutall (1997) erweiterte Version des ursprünglich von Elbedour, ten Bensel und Bastien (1993) an die Situation der Opfer von bewaffneten Konflikten adaptierte Version des sozialökologischen Modells von Belsky (1980) benutzt (Belsky, 1980; in Elbedour, Ten Bensel & Bastien, 1993). In das bestehende Modell haben sie verschiedene Erkenntnisse integriert, die anhand des Modells der posttraumatischen Belastungsstörung gesammelt wurden (die Berücksichtigung von Lebensereignissen und Reaktionen auf Traumata) sowie Erkenntnisse, die vom ökologischen Modell der Gewalt gewonnen wurden, welche die Sphäre des Individuums mitberücksichtigen, also Personenmerkmale und Persönlichkeitstraits. Das Modell umfasst folgende Ebenen bzw. Faktoren: Traumatische Ereignisse und deren Konsequenzen auf Kinder (emotionale Reaktionen), Personenmerkmale (Alter und Geschlecht) sowie Persönlichkeitsvariablen (soziale Kompetenzen), die proximale soziale Umwelt betreffenden Variablen (Familie, v.a. die elterliche Unterstützung) und die eher die distale soziale Umwelt betreffenden Variablen (soziale Unterstützung, soziale Netzwerke; Kontext der Umsiedlung und soziales Klima) (Sabatier, Palacio Sañudo, & Tousignant, 2010). In ähnlicher Weise haben die Autoren Joshi & O'Donnell (2003) sowie Stichick Betancourt & Tanveer Khan (2008) in Literaturarbeiten die Effekte von Krieg und Terrorismus bzw. bewaffneter Konflikte auf die psychische Gesundheit von Kindern aus einer sozialökologischen Perspektive heraus betrachtet.

2.2.4 Auswirkungen auf das Individuum

2.2.4.1 Konsequenzen des Krieges

Der Kontext des Geschehens ist maßgebend und muss deshalb bei der Analyse der Auswirkungen der Vertreibung mit in Betracht gezogen werden. Der bewaffnete Konflikt in Kolumbien kann als Bürgerkrieg verstanden werden (vgl. Anhang). Vor diesem Hintergrund erscheint der Autorin der Hinweis auf internationale Forschungsergebnisse bzgl. des Erlebens von Krieg und seinen weitreichenden Folgen für Kinder sinnvoll, da die Vertreibung durchaus zu einer dieser Konsequenzen dazugezählt werden kann. Folglich stellt sich der Autorin nach, die Betrachtung der Folgen von Krieg auf Kinder für ein vertieftes Verständnis der Auswirkungen der Vertreibung als wesentlich dar. Jeder Krieg oder Terrorakt besitzt durch seinen plötzlichen, unvorhersagbaren und dramatischen Charakter einen negativen Einfluss auf verschiedenen Ebenen (einschließlich der Ebene der Gemeinde, Familie und des Individuums) (Joshi & O'Donnell, 2003). Kinder sind in der Regel diejenigen, die am meisten betroffen sind. Bislang haben jedoch relativ wenige Studien die Effekte von Krieg und Terrorismus auf Kinder untersucht. Die Untersuchungen, die während und im Anschluss an den Zweiten Weltkrieg (Winnicott, 1992; zitiert nach Joshi & O'Donnell, 2003) und vom Jom-Kippur-Krieg (Milgram, N.A., 1982; Milgram, R.M. & Milgram, N.A., 1976; zitiert nach Joshi & O'Donnell, 2003) durchgeführt wurden bzw. diejenigen, die die psychologischen Folgen von Kriegen aus jüngerer Zeit dokumentieren (Baker, 1991, zitiert nach Joshi & O'Donnell, 2003), lassen keine Zweifel daran, dass Kriegserfahrungen die psychologische Entwicklung und Zukunftserwartungen von Kindern behindern können.

In diesem Sinne stellen Betancourt & Tanveer (2008) fest:

> „In particular, research has documented the many ways in which exposure to war-related traumatic events contributes to subsequent mental health distress, and in some cases, longer-term psychopathology in children and adolescents“ (S. 318).

Jedes Jahr werden Tausende von Kindern Kriegshandlungen (Luftangriffen, Beschießungen und Bombardierungen) ausgesetzt und haben unter den weitreichenden negativen Konsequenzen zu leiden. Zu beobachten sind Traumatisierung, multiple Verluste, abrupte Veränderungen in den Familienstrukturen wie Trennungen oder das Zusammenleben mit höchst notleidenden Erwachsenen. Anhaltender Vertreibung , Mangel der Bildungsstruktur, drastische Veränderungen des Alltags, der Werte der Gemeinschaft und das Auflösen von Gemeinden sind die betroffenen Kinder meist völlig schutzlos ausgesetzt. Der traumatisch-bedingte Stress, der dadurch entsteht, wirkt sich negativ auf das psychologische Wohlbefinden dieser Kinder aus. Die zahlreichen Verluste, Herausforderungen und Belastungen wirken sich nachteilig auf den gesamten Organismus der Kinder (Gehirn, Verstand und Körper) aus (Joshi & O'Donnell, 2003). Eine oft beobachtete Konsequenz dieser Aussetzung gegenüber den zahlreichen kriegsbezogenen Stressoren und der weitreichenden Folgen von Krieg und sozialpolitischer Gewalt, ist die Entwicklung traumatischer Stressreaktionen. Dementsprechend ist der am meisten verbreitete Ansatz unter Forschern bei der Untersuchung der Reaktion von Kindern und Jugendlichen auf politische Gewalt der, diese Reaktionen anhand des Modells der posttraumatischen Belastungsstörung zu erforschen (Sabatier, Palacio Sañudo, & Tousignant, 2010). Steinhausen (2010) erläutert:

> „Unter der *posttraumatischen Belastungsstörung (PTBS)* ist eine verzögerte und anhaltende Reaktion auf ein belastendes Ereignis oder eine Situation außergewöhnlicher Bedrohung mit katastrophenartigem Ausmaß zu verstehen“ (S.237).

Die Entwicklung einer posttraumatischen Belastungsstörung (PTBS) ist demnach an ein auslösendes traumatisches Ereignis gebunden. Laut DSM-IV (*Diagnostic and Statistical Manual of Mental Disorders*) ist unter einem *Trauma* eine „potenzielle oder reale Todesbedrohung, ernsthafte Verletzung oder Bedrohung der körperlichen Unversehrtheit bei sich oder anderen“ (APA, 1994 zitiert nach Becker, 2006, S. 824) zu verstehen. Hierzu zählen, so Steinhausen (2010), natürliche oder von Menschen hervorgerufene Katastrophen, Kriegs- und Kampfhandlungen, schwere Unfälle oder das Erleben des gewaltsamen Todes anderer sowie die Erfahrung, Opfer von Verbrechen, Vergewaltigung, Folterung oder

Terrorismus zu werden. Dementsprechend können sowohl die Kriegshandlungen als die sozialpolitische Gewalt inklusiv der weitreichenden Folgen dieser, in Kolumbien als potenziell traumatische Ereignisse kategorisiert werden. Neben dem objektiven Ereignis, ist die *subjektive Erlebnisverarbeitung* des potenziell traumatischen Ereignisses für die Traumadefinition wichtig, da nicht jedes Individuum auf die gleiche Art und Weise reagiert. Bei Kindern ist diese Traumadefinition zudem weiter als bei Erwachsenen zu fassen; so werden nicht nur die Bedrohlichkeit für Leben und körperliche Integrität sondern bspw. auch entwicklungsunangemessene sexuelle Handlungen hierunter gefasst. Darüber hinaus müssen Kinder diese traumatischen Erfahrungen nicht wie Erwachsene mit Furcht oder Hilflosigkeit erleben, bei ihnen ist oftmals eher ein agitiertes und äußerst irritiertes Verhalten zu erkennen (Steinhausen, 2010). Zu den klassischen Symptomen der PTBS zählen *Intrusionen, Vermeidung, emotionale Taubheit* und *Übererregung* (APA, 1994; zitiert nach Becker, 2006; Steinhausen, 2010), diese lassen sich wie folgt charakterisieren:

1. Unter *Intrusionen* versteht man das Wiedererleben des Traumas oder Teile davon in Wiedererinnerungen, (Alb-)Träumen und Flashbacks (Nachhallerinnerungen). Zusätzlich reagieren die Traumatisierten auf Auslöser mit physiologischer und emotionaler Belastung. Allerdings kann man bei jüngeren Kinder eher eine repetitive Beschäftigung mit traumatischen Themen im Spiel beobachten, oder ein Handeln und Fühlen, als ob sich das Trauma erneut ereigne. Zudem sind sie enorm durch Hinweise belastet, die an das Trauma erinnern und reagieren allgemein in Bezug auf das Trauma mit Angst- oder Trauerreaktionen.
2. Ein *Vermeidungsverhalten* äußert sich in einer aktiven Vermeidung internaler und externaler Reize, die der Traumatisierung ähneln: Belastungsauslösende Situationen, Aktivitäten, Erinnerungen, Gefühle und Gedanken und Menschen. In manchen Fällen ist die Unfähigkeit zu beobachten, wichtige Aspekte des Traumas zu erinnern (*Amnesie)*.
3. *Emotionale Taubheit* lässt sich durch ein gemindertes Interesse an Dingen, die den Betroffenen vor dem Trauma wichtig waren erkennen; dadurch, dass sie sich von mindestens einem relevanten sozialen Bezug entfremdet und losgelöst fühlen und einem eingeschränktem Affektspielraum bzw. einer eingeschränkten Zukunftsperspektive.
4. Zur *Übererregung* zählen Ein- und Durchschlafstörungen, erhöhte Reizbarkeit, Konzentrationsschwierigkeiten, Hypervigilanz und übermäßige Schreckreaktionen.

Ein weiterer wichtiger Aspekt der Diagnose bei Kindern und Jugendlichen ist laut Steinhausen (2010) die *Latenzzeit* zwischen dem erlebten Trauma und der Entwicklung einer posttraumatischen Belastungsstörung, da gerade bei Kindern und Jugendlichen die Verarbeitungszeit enorm variabel ist.

Die Traumatisierung kann weitreichende Folgen auf die unterschiedlichen Lebensbereiche der Kinder haben (das Verhalten, die Persönlichkeitsentwicklung, die sozialen Beziehungen in der Familie und zu Gleichaltrigen sowie die Zukunftsperspektive) und hierbei sind individuelle Unterschiede erkennbar. In diesem Zusammenhang sei darauf hingewiesen, dass bei der Entwicklung einer PTBS verschiedene prätraumatische, peritraumatische und posttraumatische Risikofaktoren einen Einfluss ausüben können. Dabei gelten u.a. Flüchtlingskinder und Kinder psychisch kranker Eltern als Risikogruppe (Steinhausen, 2010).

An dieser Stelle sei auf die Komorbidität von posttraumatische Belastungsstörungen hingewiesen, zu denen depressive Störungen, Angststörungen, somatoforme Störungen, Störungen des Sozialverhaltens und vereinzelt auch hyperkinetische Störungen (ADHS) zählen und mit denen sie verwechselt werden können. Zudem können bei Jugendlichen Substanzmissbrauch und (besonders bei sexuellem Missbrauch) impulsive (Borderline-) Persönlichkeitsstörungen hinzukommen (Steinhausen, 2010).

2.2.4.2 Gedankenmodell zur Betrachtung der Auswirkungen

Im Zusammenhang mit dem bewaffneten Konflikt in Kolumbien, der damit verbundenen Gewalt sowie den weitreichenden Konsequenzen, werden die betroffenen Kinder und Jugendlichen in den meisten Fällen zu verschiedenen Zeitpunkten mit einer Vielzahl potenziell traumatischer Ereignisse konfrontiert und je nach Art und Ausmaß der Exposition von diesen in unterschiedlichem Maße traumatisiert. Ihre individuelle Antwort auf diese traumatischen Ereignisse ist als Resultat eines Wechselspiels vieler verschiedener Faktoren zu sehen.

In dieser Studie sind primär die Auswirkungen von der Vertreibung und der daraus resultierenden Traumatisierungen auf das psychische Wohlbefinden von Interesse (v.a. der materiellen, emotionalen und symbolischen Verluste und der Trennungen), d.h. von den Konsequenzen des Konfliktes und nicht von den eigentlichen Kriegserfahrungen. Da sich allerdings die vorherigen Kriegserfahrungen auf das Erleben des desplazamiento auswirken, sollen zum besseren Verständnis der potenziellen Auswirkungen des desplazamiento vorab einige Erkenntnisse zu den Effekten der sozialpolitischen Gewalt in Kolumbien beleuchtet werden.

In diesem Sinne stellt Ahearn (2000) zum Verständnis der gängigen Herangehensweise bei der Erforschung psychologischer und sozialer Folgen erzwungener Migration ein reduziertes Erklärungsmodell vor, welches die in der Erforschung psychischer Gesundheit von Flüchtlingen sog. *Schlüsselkonzepte* integriert (Verlust, Trennung, Stress, Coping, soziale Unterstützung und Trauma).

> „Generally ... wellness, that is health, is influenced and affected by loss, separation, stress, and trauma (among other things) that are mediated by one's coping ability and social and emotional supports" (S.5-7).

Zur Erklärung der Konsequenzen psychosozialer Auswirkungen des desplazamiento auf das psychische Wohlbefinden der Kinder in Kolumbien eignet sich folglich eine adaptierte Version dieses Erklärungsmodells, das wie folgt aussehen könnte:

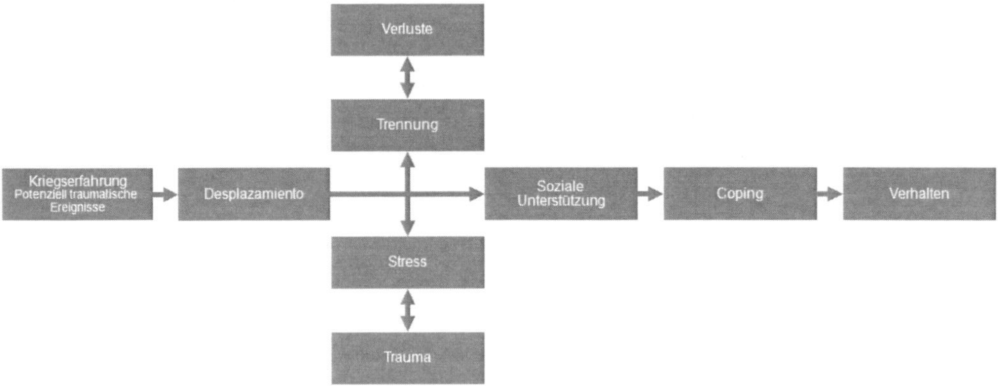

Abbildung 2 Erklärungsmodell zur Betrachtung der psychosozialen Auswirkungen des desplazamiento (adaptiert von Ahearn, 2000)

Der bewaffnete Konflikt ist i.d.R. die Ursache des desplazamiento und birgt eine Vielzahl potenziell traumatischer Erlebnisse in sich. Diese Kriegserfahrungen wirken sich auf die Bewältigung der Vertreibung und der auch hier anzutreffenden entsprechenden multiplen traumatischen Erfahrungen aus (u.a. emotionale, materielle und symbolische Verluste; Trennungen; Stress und Trauma). Die Auswirkungen auf das *emotionale Erleben und das Verhalten* der Kinder können sich in Form psychischer Störungen manifestieren; die

Auswirkungen auf die *psychische Gesundheit* werden durch deren Coping-Fähigkeiten sowie der verfügbaren sozialen und emotionalen Unterstützung beeinflusst.

2.2.4.3 Sozialpolitische Gewalt in Kolumbien

Die sozialpolitische Gewalt in Kolumbien hat erhebliche negative Folgen für die Kinder und Jugendlichen, die von dem Krieg und seinen Folgen auf direkter oder auch indirekter Weise betroffen sind. Die direkten und indirekten gewaltsamen Erfahrungen, die diese Kinder machen; der Terror und die Verfolgung von Familienmitgliedern um nur einige zu nennen, haben negative Auswirkungen auf ihre psychische Gesundheit (Grajales, 1999).

Sadlier (1997) hat in ihrer Studie zur Beziehung zwischen der chronischen Exposition gegenüber der sozialpolitischen Gewalt in Kolumbien und Symptomen einer PTBS bei Kindern einen positiven Zusammenhang zwischen dem Ausmaß der Exposition und der Anzahl und Stärke der Symptome einer PTBS nachweisen können. Die von den Kindern erlebte sozialpolitische Gewalt wurde anhand einer an die Situation in Kolumbien adaptierten Version (Einbezug spezifischer Items wie, z.B. Entführungen oder Bombenanschläge) des Tests *Things I Have Seen and Heard* erfasst (Richters & Martinez, 1993; zitiert nach Sadlier, 1997). Allerdings konnten nur bei einem Teil von den Kindern tatsächlich Symptome der PTBS beobachtet werden. Die Autorin erklärt das Ausbleiben der Symptome unter anderem durch eine funktionelle Adaptation an die ungünstige Situation (*psychologische Resilienz*), die durch evtl. vorliegende Schutzfaktoren begünstigt wurde (Sadlier, 1997).

Demzufolge konnten Pérez-Olmos, Fernández-Piñeres und Rodado-Fuentes (2005) auch bei 5-14 jährigen Kindern in Kolumbien, die Kriegshandlungen ausgesetzt waren, eine erhöhte Prävalenz einer PTBS feststellen. Hierbei wurde die Exposition gegenüber dem Krieg als Risikofaktor für die psychische Gesundheit von Kindern identifiziert. Bei diesen Kindern war das Risiko an einer PTBS zu erkranken bis zu 19 Mal höher, als bei den Kindern, die nicht mit kriegsbezogenen Stressoren in Berührung gekommen waren (Pérez-Olmos, Fernández-Piñeres, & Rodado-Fuentes, 2005).

Auch die Untersuchungen von Kliewer, Murrelle, Mejia, Torres de und Angold (2001) untermauern die negativen Auswirkungen schwerwiegender Gewalt auf die psychische Gesundheit von Jugendlichen. So konnten die Autoren selbst einen positiven Zusammenhang zwischen einer *indirekten* Gewalterfahrung und Symptome einer Angststörung beobachten (Kliewer, Murrelle, Mejia, Torres de, & Angold, 2001). Ein weiterer Beitrag der Studie liegt darin, dass das Ausmaß der Gewalterfahrungen von

Jugendlichen in Kolumbien mit erfasst wurde. So berichtete fast jeder Zehnte von der Ermordung, Entführung oder existenziellen Bedrohung eines Familienmitgliedes innerhalb des letzten Jahres (Kliewer, Murrelle, Mejia, Torres de, & Angold, 2001, S. 977).
Die Erforschung speziell der emotionalen Auswirkungen der politischen Gewalt auf 11-12 jährige eingeschulte Kinder in Kolumbien hat gezeigt, dass solche Kinder häufiger *Angst* empfinden und sich infolgedessen in einem konstanten *Alarmzustand* bzw. Zustand der *Hypervigilanz* befinden (Abello, Amar, Botto, Carrillo, Castro, & Linares, 2001).
Zudem wurden im Rahmen einer in Kolumbien durchgeführten epidemiologischen Studie zum bewaffneten Krieg und der mentalen Gesundheit der Betroffenen bei Kindern *Verhaltens-* und *Emotionsstörungen* (5.76%) sowie weitere *Angststörungen* (4.28%) identifiziert (Medicos Sin Fronteras , 2010).

Darüber hinaus scheint es zwischen der *Art der erlebten Gewalttat* und den Folgen für Kinder beobachtbare Unterschiede zu geben (Arias & Ruiz; 2001 zitiert nach Quintero Agudelo):

- Der *Mord* zieht (je nach Beziehungsgrad zur ermordeten Person) einen *Trauerprozess* nach sich, der bei dem Kind wiederum Schuldgefühle, Wut, Leid oder Traurigkeit auslöst.
- *Bedrohungen* führen bei dem Kind zu einem Gefühl der Ungewissheit, zu Misstrauen, Angst und einem Gefühl der Unsicherheit.
- In dem Falle, dass ein Kind eine *Entführung* erlebt hat, zeigt es Gefühle der Verfolgung, Unsicherheit und Angst.
- Wenn Kinder Zuschauer einer *bewaffneten Übernahme* ihrer Heimatorte waren, kann man bei diesen Schuldgefühle, die Identifizierung mit der bewaffneten Gruppierung (die Widerstand geleistet hat) und Verarbeitung des Erlebten im Spiel (Elemente des Krieges) beobachten.
- Das Erleben eines *Massakers* führt bei Kindern zu Angst und den damit verbundenen körperlichen Erscheinungen wie Ohnmachtsanfälle, Zittern, Verlust der Kontrolle über die Schließmuskeln und Bauchschmerzen.
- In Folge vom *gewaltsamen Verschwinden* manifestieren die Kinder enorme Schwierigkeiten bei der Verarbeitung des Verlustes. Es gibt Fälle in denen Kinder, die erst *nach* dem Verschwinden der betreffenden Person (i.d.R. Familienangehörige)

geboren sind und ohne diese persönlich zu kennen, die schmerzhafte Belastung der Suche und des Wartens in gleicher Weise wie die Erwachsenen auf sich nehmen.

- *Gerüchte* bzgl. eines Angriffs durch eine bewaffnete Gruppierung lösen starkes Misstrauen zwischen den Mitgliedern der Gemeinde aus. Die Kinder werden genauso von dieser kollektiven Angst ergriffen, die sich mitunter innerhalb der Gemeinde in Form von Verdacht und Zweifel, Paranoia, Angst und permanente Alarmbereitschaft äußert.

Nach dieser Betrachtung der möglichen Konsequenzen von Krieg und sozialpolitischer Gewalt auf das psychische Wohlbefinden von Kindern und Jugendlichen sollen nun die Auswirkungen von Vertreibungen und speziell des desplazamiento por violencia in Kolumbien näher beleuchtet werden. In diesem Sinne ist es von Interesse, dass die verheerenden Auswirkungen von einer *Vertreibung* und der *Verlust* von Nahestehenden, Familienmitgliedern oder Freunden, langhanhaltendere Auswirkungen auf Kinder haben können, als die von den direkten Kampftechniken bzw. Kriegserlebnissen (Sabatier, Palacio Sañudo, & Tousignant, 2010).

2.2.4.4 Binnenvertreibung

> „Once it occurs, internal displacement brings about a set of circumstances that renders those affected highly vulnerable“ (Mooney, 2005, S. 15).

In erster Linie zwingt es die Menschen dazu ihre Häuser und ihr Land zu verlassen und infolgedessen stellt das dringlichste Bedürfnis dieser Population das nach einer Unterkunft und dem damit verbundenen grundlegenden Schutz dar. Dadurch, dass sie zusätzlich von den Mitteln abgetrennt sind, um sich ihr Überleben zu sichern, fehlt es ihnen auch an Lebensmitteln und an dieser Situation ändert sich selbst nach langjähriger Vertreibung nichts (World Food Programme; zitiert nach Mooney, 2005). Hierdurch sind sie selbst Jahre nach der Vertreibung auf Nahrungsmittelhilfe angewiesen. Des Weiteren führen die schlechten Hygienebedingungen, der Mangel an sauberem (Trink-)Wasser und die Überbevölkerung der Unterkünfte zur Entwicklung von Gesundheitsrisiken. Zudem führt das Trauma der Vertreibung bei Binnenflüchtlingen zu einer erhöhten Prävalenzrate psychosozialer Probleme (Save the Children; zitiert nach Mooney, 2005). Hinzu kommen die Zersplitterung von Familien und sozialen Netzwerken bzw. der Zusammenbruch sozialer Beziehungen und unterstützender Strukturen, massive Verluste (von ihrem Zuhause, ihrem Einkommen und ihrem Eigentum sowie von ihrem kulturellen Erbe, von Freundschaften und von einem Gefühl der Zugehörigkeit), soziale Isolation, Verarmung, Ausschluss von Gesundheits-,

Sozialhilfe- und Ausbildungs- Dienstleistungen (fehlende Dokumentation kann dazu führen, dass ihnen der Zugang zur Gesundheitsversorgung, zu Bildung und anderen staatlichen Dienstleistungen verwehrt wird; z.B. Lösung von Restitutionsfragen) und z.T. Stigmatisierung. Kinder und Frauen sind besonderen Risiken ausgesetzt: So führt die Vertreibung zu erhöhter häuslicher Gewalt (UNHCR), zu einem Anstieg des sexuellen Missbrauchs und geschlechtsspezifischer Gewalt, zu Ausbeutung und zu Prostitution. Sie unterbricht die Ausbildung und die normale Entwicklung bei Kindern und führt häufig zu einer Trennung von ihren Familien, was wiederum zu einer gesteigerten Gefahr des Missbrauchs führt. Kinder, die neben dem Verlust ihres Zuhause, zudem auch noch ihre Familien verloren haben, sind besonders von einer militärischen Rekrutierung gefährdet (Mooney, E. & French, C.; zitiert nach Mooney, 2005). Ein weiteres Unterscheidungsmerkmal dieser Population ist das Bedürfnis nach einer dauerhaften Lösung für die Notlage, in der sie sich befinden (Mooney, 2005).

Desplazamiento

Desplazamiento kann als ein *traumatisches Ereignis* gewertet werden, das in unterschiedlichem Ausmaß *Stress* generiert und sich infolgedessen negativ auf die psychische Gesundheit von Kindern sowie auf ihre Familiensituationen und sozialen Lebensräume auswirkt. Innerhalb dieses belastenden Prozesses (*Krisensituation)* müssen sich die Kinder darüber hinaus den drastischen räumlichen und kulturellen Veränderungen sowie den Veränderungen bzgl. ihrer Beziehungen stellen. Es darf nicht außer Acht gelassen werden, dass die Flucht von den Heimatorten dieser Menschen eine lebenserhaltende Maßnahme darstellt und gleichzeitig die Aufgabe ihrer Lebensprojekte und i.d.R. ihres kompletten Besitzes bedeutet. Der Anpassungsprozess wird für die Kinder bspw. im Falle eines emotionalen Verlustes, wie der eines Elternteils, durch den infolgedessen zu überwindenden Trauerprozess erheblich erschwert, und allgemein wird der Anpassungsprozess für diese Menschen durch die meist am Ankunftsort herrschenden prekären Lebensbedingungen verkompliziert und führt dementsprechend zu zusätzlichem Stress (Camilo, 2000; Rozo, 2000).

Die *Vertreibung* stellt für die betroffenen Kindern eine erzwungene Teilnahme am bewaffneten Konflikt dar und impliziert, dass diese *multiplen traumatischen Situationen* ausgesetzt sind. Hierzu zählen die *Gewalttat*, die zur Flucht zwingt, der *Verlust wichtiger emotionaler Bezüge* (Familie, Freunde, Haustiere, Nachbarn usw.), die *Abhängigkeit* am Ankunftsort mit der die Familie konfrontiert wird (z.B. von humanitärer Hilfe), der

Kulturschock und der *soziale Schock* am neuen Lebensraum sowie die *Veränderungen in den familialen Beziehungen* (Arias & Ruiz, 2001; zitiert nach Quintero Agudelo). Dementsprechend kann man bei den Kindern verschiedene Verhaltensprobleme beobachten wie übermäßige *Aggressionen* oder *Schweigsamkeit*, *Ausdruckslosigkeit* und ein *fehlender Bezug zur Realität* sowie unter anderem *Schlafstörungen*, *Appetitverlust*, *Traurigkeit*, *Angst* und *häufiges Weinen* (Rozo, 2000; Arias & Ruiz, 2001; zitiert nach Quintero Agudelo).
Die Gefühlslage der desplazados lässt sich nach der Vertreibung grob durch *Angst* und durch die *multiplen Verluste* charakterisieren, die sie erfahren haben (Camilo, 2000). Der Trauerprozess, der neben dem desplazamiento durch die Verluste, Trennungen und Probleme in den Familien in Gang gesetzt wird, kann unter Umständen zur Entwicklung von *Depressionen* führen. Die auftauchenden *Angststörungen* und *posttraumatischen Belastungsstörungen* sind meist auf die erlebten Lebensbedrohungen bzw. Gefahren zurückzuführen und lassen sich bei Kindern mitunter in Form von auffälligem Weinen, Schreien, Schlafstörungen, Essstörungen, Kopf- und Bauchschmerzen, übermäßiges Schwitzen (der Hände) und Stottern erkennen (Rozo, 2000). Bei Kindern ist die zu beobachtende verstärkte Angst meist primär auf die erzwungene Trennung von den Personen und Objekten zurückzuführen, zu denen sie einen emotionalen Bezug hatten sowie durch die forcierte Trennung von ihrem natürlichen Habitat und der daraus entstehenden Entwurzelung. In vielen Fällen führt diese übermäßige Angst sodann zur Entwicklung von Entwicklungs- und Verhaltensstörungen (Andrade Salazar, 2010).
Die Eltern der niños desplazados bringen ihren Kindern in vielen Fällen bei (aus Angst auch am neuen Lebensort weiterhin verfolgt zu werden) ihren Status als desplazados geheim zu halten. Hierdurch fürchten sich die Kinder vor einer Identifikation als desplazados (Grajales, 1999). Diese Furcht vor einer Identifikation als desplazado kann sich mitunter negativ auf die Identität dieser Kinder auswirken, v.a. weil sie sich noch in der Identitätsentwicklung befinden. Zudem erschwert diese Angst eine adaptive Bewältigung der mglw. erfahrenen Traumata und eine gelungene Anpassung an das neue Milieu erheblich, wenn sie diese nicht sogar verhindert. Im Falle vorliegender Symptome traumatischer Stressreaktionen oder ausgereifter psychischer Störungen muss diese anhaltende Angst als aufrechterhaltender Faktor dieser Störungen gewertet werden.

Zu den spezifischen Auswirkungen der Vertreibung aufgrund der Gewalt auf die psychische Gesundheit von Kindern und Jugendlichen, der *niños desplazados por violencia* in

Kolumbien, konnten nach gründlicher Literaturrecherche nur vereinzelte psychologische Studien gefunden werden, deren Ergebnisse im Folgenden dargestellt werden sollen.

Kolumbien

In einer deskriptiven Vergleichsstudie wurde bei 100 Kindern und Jugendlichen zwischen 7 und 16 Jahren (desplazados und nicht desplazados) in Kolumbien anhand von Fragebögen und Interviews der Grad an posttraumatischem Stress erfasst. Die Autoren konnten bei vielen vertriebenen Kindern und Jugendlichen einen *hohen Grad an posttraumatischem Stress* (v.a. in Form von Gedanken an das traumatische Ereignis und einem erhöhten Alarmzustand) sowie *depressives und ängstliches Verhalten* beobachten (letzteres gilt verstärkt für die weiblichen desplazados) (Palacio, Abello, Madariaga, & Sabatier, 1999).
Ein wichtiger Beitrag liegt in diesem Kontext in der Untersuchung von Rodriguez et al. (2005) zu den Faktoren, die dazu beitragen die Vertreibung in Kolumbien als Krisenauslöser zu verstehen. Bei der Studie mit Jugendlichen und Erwachsenen, die infolge der Vertreibung eine PTBS entwickelt hatten, konnten die Autoren beobachten, dass neben der Vertreibung auch die *begleitenden Ereignisse* eine PTBS auslösen konnten. Ein hohes Risikopotenzial bergen demnach Lebensbedrohungen und eine drohende Rekrutierung, Ermordungen und (direkte oder indirekte) Foltern (Rodríguez et al., 2005).

Sabatier et al. (2010) haben anhand eines sozialökologischen Ansatzes die psychische Gesundheit von kolumbianischen Jugendlichen untersucht, die aufgrund der sozialpolitischen Gewalt in Kolumbien vertrieben worden waren. Die Ergebnisse deuten daraufhin, dass vertriebene Jugendliche *depressiver* und *ängstlicher* sind, als nicht vertriebene Jugendliche aus sehr armen Verhältnissen. Hierbei war ein Geschlechtsunterschied zu beobachten, namentlich waren die Mädchen depressiver und ängstlicher als die Jungen. Die Angst konnte durch die Summe der traumatischen Ereignisse erklärt werden und die Depression eher durch die Trennung von den Eltern. Von den befragten Jugendlichen hatten 64% neben dem desplazamiento mehr als drei Traumata erlebt, wobei sie eher Opfer indirekter Gewalt gewesen waren. Das meist erlebte Trauma war die Deprivation (60%), gefolgt von der Tatsache Zeuge eines Gewaltaktes bei Bekannten gewesen zu sein (58%) oder bei einem Nahestehenden (43%), die Trauer um einen Nahestehenden (50%) und die Trennung von den Eltern oder von einem Elternteil (48%). Demzufolge konnten die Autoren bei der vorliegenden Stichprobe Symptome einer PTBS erkennen (v.a. Angst oder Unbehagen bei der Erinnerung an das traumatische Ereignis (85%), übermäßige Schreckreaktionen (83%), Vermeidung externaler Reize, die an das traumatische Ereignis erinnern (80%) und internaler Reize (Gedanken) (77%), Intrusionen (wiederkehrende Erinnerungen) (70%)). Allerdings zeigten sich die desplazados im Gegensatz zu den sesshaften Jugendlichen anderen gegenüber sensibler und empathischer; dies könnte als persönliche Ressource dieser Jugendlichen i.S. einer adaptiven Bewältigung ihrer durchaus belastenden Lebenssituation gedeutet werden (Sabatier et al., 2010).

Bucaramanga, Santander

Die Autoren Cárdenas Medina und Gutiérrez Espalza (2004) haben in ihrer Abschlussarbeit bei einer Stichprobe von 100 vertriebenen Kindern im Alter von 4 bis 16 Jahren eine Charakterisierung der vorliegenden Symptome einer posttraumatischen Belastungsstörung vorgenommen. Die Kinder und Jugendlichen lebten im Durchschnitt seit ca. 35 Monaten in Piedecuesta, einem Vorort von Bucaramanga in Kolumbien. Zur Diagnosestellung wurden der *Clinican Administered PTSD Scale for Children and adolescents for DSM-IV* (CAPS-CA) und der *Impact of Event Scale* (IES-8) angewandt. Die Untersuchungen ergaben, dass 33% der Kinder und Jugendlichen *Symptome einer PTSB* zeigten, wobei diese aber bei keinem der Probanden das vollständige Störungsbild der PTBS erfüllten (Cárdenas Medina & Gutiérrez Espalza, 2004).

In zwei weiteren unveröffentlichten Arbeiten zur Untersuchung evtl. vorliegender Symptome einer PTBS oder dem vollständigen Störungsbild bei niños desplazados in Bucaramanga, konnte eine *Prävalenz der PTBS* von 5.1% bzw. 15% diagnostiziert werden. Das traumatische Ereignis, das in der ersten Studie am häufigsten genannt wurde (in 35% der Fälle), war der Tod einer nahestehenden Person (Beltrán & Uribe, 2004; Alejo et al., 2004; zitiert nach Cárdenas Medina & Gutiérrez Espalza, 2004).

Insgesamt deuten die aufgeführten Forschungsergebnisse bzgl. der Folgen der sozialpolitischen Gewalt und speziell der Vertreibung auf die psychische Gesundheit von Kindern und Jugendlichen im Gegensatz zu den Kindern und Jugendlichen aus armen Verhältnissen auf eine erhöhte Vulnerabilität dieser Population hin. Die infolge erlebter Gewalttaten auftretenden Symptome einer PTBS haben eine destabilisierende Wirkung auf die stark anfälligen Bevölkerungsgruppen (Kinder, Frauen und ältere Menschen), wobei v.a. Kinder am stärksten für ihr restliches Leben hiervon betroffen sind (Palacio, Abello, Madariaga, & Sabatier, 1999). So können bspw. die psychischen Symptome der PTBS (Flashbacks, Intrusionen und Vermeidung) die Konzentrations- und Lernfähigkeit dieser Kinder beeinträchtigen und sie infolgedessen in ihrer schulischen Ausbildung behindern. Wenn diese Kinder, wie es i.d.R. zurzeit in Kolumbien der Fall ist, keine psychosoziale Unterstützung erhalten, könnte dies wiederum schwerwiegende Folgen für die Zukunft dieser Kinder haben.

2.2.5 Auswirkungen auf die Familie und das soziale Netzwerk

2.2.5.1 Einleitung

Das Ausmaß der Auswirkungen der Gewalt und des desplazamiento lässt sich nur verstehen, indem neben der *individuellen Ebene* (psychische Gesundheit, Lebensprojekt, Schmerz, Unsicherheit und emotionales Leid) die *Familienebene* (Übernahme neuer Rollen, Trauerverarbeitung, Anpassung der Familienmitglieder an konfliktbehaftete Situationen) und die *soziale Ebene* (soziales Gefüge am neuen Lebensort, Entwurzelung, Fehlen eines Zugehörigkeitsgefühls, Verlust der Referenzgruppen, Arbeitslosigkeit, prekäre Wohnverhältnisse und Chancenungleichheit bzgl. Ausbildung und Weiterbildung) berücksichtigt werden (Quintero Agudelo).

In Bezug auf die Situation des Kindes und seiner Familie führt die Vertreibung mehrheitlich in erster Linie zu *negativen Auswirkungen auf die Familienstruktur und die Familiendynamik*. Hierzu zählen die Fragmentierung der Familie, eine oft stattfindende Veränderung bzgl. der Rollen der Familienmitglieder, Verschlechterung der Beziehungen zwischen den Familienmitgliedern und schließlich ein Anstieg der häuslichen Gewalt. Die niños desplazados sind oftmals mitunter von Verlusten, aggressivem Verhalten von den Eltern, sexuellem Missbrauch und Überbevölkerung ihrer Wohnungen betroffen. Dies hat einen negativen Einfluss auf ihre Sozialisation und führt u.a. dazu, dass Kinder und Jugendliche von zu Hause weglaufen, oppositionelles oder depressives Verhalten äußern und letztendlich maladaptive Abwehrmechanismen (Realitätsverlust und Verleugnung) erlernen (Baquero, Faillace, Vanegas, Salas, & Cordero, 2005).

Laut Andrade Truyol und Alvarez (2000) ist es logisch, dass die Entwurzelung, der systematische und wiederholte Verstoß gegen die grundlegenden Rechte dieser Menschen sowie die sozialen und humanen Situationen, die die Gewalttaten erzeugen, sich auf die Familienstrukturen auswirken, indem sie ihren Alltag und ihre Zukunftserwartungen- und Träume zerstören sowie die einzelnen Familienmitglieder voneinander entfernen.

Die Ursache dieser Veränderungen ist in den Folgen der Vertreibung zu sehen: In den meisten Fällen haben die Familien keine Zeit die Flucht zu planen und flüchten von einem Tag auf den anderen i.d.R. von ländlichen Gegenden in die nächst gelegene städtische

Gegend, da sich der bewaffnete Konflikt in Kolumbien insgesamt eher in den ländlichen Gegenden abspielt. Einmal an dem neuen und unbekannten Lebensort angekommen, sehen sie sich daraufhin gezwungen ein neues Leben aufzubauen. In erster Linie taucht in diesem Moment die Notwendigkeit auf finanzielle Mittel aufzuspüren um Lebensmittel, Mietkosten und Dienstleistungen bezahlen zu können. Da sich diese Menschen jedoch vorwiegend (neben der emotionalen Krisensituation oder dem Schockzustand in der bzw. in dem sie sich wiederfinden) in einer finanziellen und materiellen Notlage befinden, sind sie auf humanitäre Hilfe angewiesen. Diese Abhängigkeit löst bei den desplazados negative Gefühle aus (Abwertung, Machtlosigkeit), da sie sich, auch wenn sie aus ärmlichen Verhältnissen kommen, bis zum Zeitpunkt des desplazamiento selbst versorgen konnten. Typischerweise stammen die desplazados aus traditionellen Bauernfamilien, die von den Erzeugnissen ihres eigenen Landes gelebt haben. Das ist auch der Grund aus dem viele der vertriebenen Männer in der Stadt keine Arbeitsstelle finden und die Frauen diejenigen sind, die sodann eine informelle Arbeit aufnehmen (z.B. als Haushaltshilfen etc.) (Arias & Ruiz Ceballos, 2000).

Letztlich darf nicht vergessen werden, dass sich diese Menschen in einer Notlage befinden, weil sie ihre Heimatsorte verlassen haben, um ihr Leben und das ihrer Nahestehenden zu erhalten.

2.2.5.2 Fragmentierung

Die in den Konfliktzonen herrschende Gewalt und Verfolgung von Zivilbürgern führt in vielen Fällen zu einer erzwungenen *Trennung* von Familien und hierbei sind verschiedene Arten von Fragmentierung zu beobachten. Vor der Vertreibung sieht sich in vielen Fällen ein Elternteil dazu gezwungen sich von seiner Kernfamilie zu trennen, weil seine körperliche Unversehrtheit, bzw. die der Familie, durch die Bedrohungen von Seiten einer der bewaffneten Akteure des Konfliktes in Gefahr steht. So flüchten mehrfach zunächst einmal die Mütter mit ihren Kindern, während die Familienväter versuchen am Heimatort zurückzubleiben; oder die Kinder werden, solange die akute Gefahr währt, in die Obhut verschiedener Verwandten und Freunden gegeben. Eine weitere Art der Fragmentierung ist das *Verschwinden* von Familienmitgliedern. Zudem besteht die wohl traumatischste Art der Trennung sicherlich in einem gewaltsamen Mord an einem Familienmitglied, d.h. im *Verlust* eines Familienmitgliedes (im Regelfall des Vaters).

Es kann aber selbst nach einer *gemeinsamen Flucht* u.a. durch den Druck, die Ungewissheit und die Angst, welche die neue Lebenssituation generieren sowie der Unfähigkeit der

Individuen sich der neuen Realität zu stellen, zur *Verschlechterung der Beziehungen* zwischen den Familienmitgliedern kommen (Bello Albarracín, Mantilla Castellanos, Mosquero Rosero, & Camelo Fisco, 2000). Infolgedessen kann es im äußersten Falle zum Abbruch von Beziehungen kommen und dazu führen, dass ein Familienmitglied die Familie verlässt. An dieser Stelle ist die Bedeutung der Unterstützung durch die erweiterte Familie und dem sozialen Netzwerk zu beleuchten. Das desplazamiento führt logischerweise neben der Fragmentierung innerhalb der Kernfamilie auch zur Fragmentierung der erweiterten Familie und zur Auflösung sozialer Netzwerke oder dem Abbruch der einst darin bestehenden Beziehungen. Dies bedeutet, dass die Mitglieder der Kernfamilie in den belastenden Momenten nicht auf die emotionale, finanzielle und materielle Unterstützung durch diese zurückgreifen können (Andrade Truyol & Alvarez, 2000; Camilo, 2000; Rozo, 2000).

Diese bedeutsamen Veränderungen der Familiendynamik, die durch das desplazamiento entstehen, können ihrerseits zu einer Reihe neuer psychosozialer, individueller und familiärer Probleme führen (Bello Albarracín et al., 2000).

2.2.5.3 Umkehrung der Rollen

Die zahlreichen Veränderungen, vor denen die Familien gestellt werden können, neben einer Fragmentierung auch zu bedeutsamen Entwicklungen in der *Rollenverteilung* (v.a. der Eltern) führen:

Nach der Ankunft an ihren neuen Lebensorten widmen sich die Familien im Allgemeinen der Suche nach Arbeitsstellen, um sich einen Gelderwerb zu sichern. Wie bereits erläutert wurde stammen die desplazados i.d.R. aus traditionellen Bauernfamilien, die an ihren Heimatsorten weitgehend von den Erzeugnissen ihrer Bauernhöfe gelebt haben und (wenn überhaupt) eine Grundschulausbildung genossen haben; logischerweise haben sie dadurch in den Städten geringe berufliche Chancen. Für gewöhnlich besitzen erwachsene und junge Frauen eine bessere Anpassungsfähigkeit als Männer und haben bessere Chancen einen Arbeitsplatz zu finden als erwachsene und junge Männer, die an ihren Herkunftsorten meist landwirtschaftlichen Tätigkeiten nachgegangen sind. Dies liegt daran, dass die Arbeitstätigkeiten traditioneller Haushaltshilfen bzw. Dienstmädchen (*empleadas*) v.a. in den Großstädten stark gefragt sind. In Kolumbien ist es üblich, dass Familien aus der Hoch- oder Mittelschicht solch eine *empleada* einstellen, die ihnen im Haushalt und in der Aufsicht sowie der Pflege der Kinder beisteht.

Dies bedeutet, dass in den meisten Fällen die Mutter diejenige ist die arbeitet und der Vater zu Hause bleibt – es also zu einer *Umverteilung der Rollen* in der Familie kommt. Hier sei die Tatsache hervorgehoben, dass die Frauen vor der Vertreibung in aller Regel nicht gearbeitet haben, sondern sich um den Haushalt in ihrem eigenen Heim gekümmert haben und sich folglich auch um ihre Kinder kümmern konnten. Die *Abwesenheit der Mutter* sowie die Veränderungen, die hierdurch in der Familiendynamik entstehen, wirken sich negativ auf die Kinder aus. Der Umstand, dass anstatt des Mannes die Frau diejenige ist, die den Lebensunterhalt der Familie sichert, führt insbesondere in einem Land wie Kolumbien, in dem nach wie vor stark patriarchalische Verhältnisse bestehen, zu einschlägigen Veränderungen in den Familienbeziehungen. Der *Wandel in der Rolle der Mutter* bedeutet einen Zuwachs an Autorität bzgl. familiärer Angelegenheiten und verändert die vorher bestehenden Machtverhältnisse zwischen der Frau und dem Mann, da sie durch ihre Versorgertätigkeit gewissermaßen zum *Familienoberhaupt* wird. Der Umstand, dass die Frau neben der Verantwortung des Haushaltes noch die der Versorgung der Familie übernimmt, wirkt sich negativ auf das psychische Wohlbefinden des Mannes aus. Insgesamt führt die Ankunft an dem neuen Ort, durch die Veränderungen in den Rollen der Eltern und der neuen Lebensumstände, also zu Spannungen in der Familie und hat oft einen Anstieg der häuslichen Gewalt zur Folge (vgl. Camilo, 2000; Bello Albarracín et al., 2000; Rozo, 2000; Arias & Ruiz Ceballos, 2000).

Die Frau und Mutter

Dieser Wandel in der Rolle der Frau, und zwar von der Hausfrau zur Versorgerin der Familie bedeutet für diese einen erheblichen Machtzuwachs. Durch dieses *Empowerment*, d.h. der Erfahrung eines Zuwachses an Selbstbestimmung und Autonomie, verändert sich ihre Haltung gegenüber ihrem Ehemann und damit auch die eheliche Beziehung. Selbst in dem Falle, in dem der Mann eine Arbeitsstelle findet, verändert sich das Selbstbild der Frau durch die neue Erfahrung des Arbeitens, und diese Veränderung der Machtverhältnisse führt i.d.R. in der Familie zu Konflikten, zur Verschlechterung der ehelichen Beziehung und zu einem Anstieg der häuslichen Gewalt. Allerdings muss betont werden, dass die Arbeitstätigkeiten, denen diese Frauen nachgehen, meistens erniedrigend und schädlich für sie sind (z.B. im Fall einer Prostitution) (vgl. Arias & Ruiz Ceballos, 2000; Camilo, 2000; Bello Albarracín et al., 2000; Rozo, 2000).

Der Mann und Vater

Die Umkehrung der Rollen in der Familie bedeutet für den Mann, dass er vom Versorger und Familienoberhaupt sozusagen zum *Hausmann* wird. Für den Mann ist es schwierig zu akzeptieren, dass er von seiner Frau versorgt wird, diese dadurch an Autorität gewinnt, er die Rolle des Hausmannes übernehmen muss und folglich an Autorität verliert. Diese Veränderung löst für gewöhnlich bei diesen Männern u.a. Wut, ein Gefühl der Ohnmacht sowie Traurigkeit aus, da sie ihre Familie nicht mehr versorgen können, und kann dadurch, dass sie sich als Männer abgewertet fühlen, zu aggressivem Verhalten, zu einem Anstieg des Alkoholkonsums, zu Selbstwertproblemen und Depressionen etc. überleiten. Selbst wenn der Mann einer Art informeller Arbeit nachgehen kann, beinhaltet dies eine gewisse *Degradierung* für ihn, da er vor der Vertreibung meist ein erfolgreicher landwirtschaftlicher Erzeuger war. Insgesamt erschwert diese neue Familiendynamik die Erholung von der traumatischen Flucht sowie die Anpassung an die neue Lebenssituation und führt i.d.R. zu einem zusätzlichen Anstieg der häuslichen Gewalt (Arias & Ruiz Ceballos, 2000; Rozo, 2000).

An dieser Stelle scheint es angemessen darauf hinzuweisen, dass neben den Kindern und Jugendlichen, auch die Erwachsenen i.d.R. vor oder im Zusammenhang mit dem desplazamiento mit einer Reihe potenziell traumatischer Ereignisse konfrontiert worden sind, die sich auch auf ihr emotionales Befinden und ihre psychische Gesundheit auswirken. Auch sie müssen das Erlebte und die daraus entstehenden Gefühle (u.a. Wut, Traurigkeit, Frustration, Verluste, Heimweh) erst einmal selbst bewältigen, welches es ihnen erschwert sich auf emotionaler Ebene um ihre Kinder zu kümmern, die aber gerade nach den traumatischen Ereignissen auf eine zuverlässige emotionale Unterstützung durch ihre Eltern angewiesen sind. Die Erwachsenen bzw. die Eltern sind aber durch ihre labile emotionale und psychische Verfassung reizbarer und intoleranter und dadurch nicht mehr in dem gleichem Maße wie vor der Vertreibung für die emotionalen Bedürfnisse ihrer Kinder aufnahmefähig. Diese Situation führt letztendlich mehrheitlich zur Verschlechterung der Beziehungen zwischen den Familienmitgliedern, zu einem Anstieg des körperlichen Missbrauchs, der Konflikte und der Gewalt in der Familie (Arias & Ruiz Ceballos, 2000).

Die Kinder und Jugendlichen

Die neue Lebenssituation der Familien in einer für sie unbekannten Umgebung (meist in urbanen Gebieten) ist mit drastischen Veränderungen für diese verbunden, die den einzelnen

Familienmitgliedern einen starken Anpassungsprozess abverlangen. Diese Veränderungen haben für gewöhnlich einen negativen Effekt auf die Kinder und Jugendlichen.
Durch die oft zu beobachtende Abwesenheit der Mutter und der darüber hinaus mangelnden Unterstützung durch den Vater (der zwar oft zu Hause anzutreffen ist, aber selbst psychisch belastet ist), fühlen sie sich oft von ihren Eltern vernachlässigt oder verlassen. Dies ist unter den gegebenen Umständen besonders problematisch, weil sie bei dem Anpassungsprozess an die neue Lebenssituation und die unbekannte Umgebung mehr Aufmerksamkeit und Unterstützung von ihren Eltern bräuchten und wird durch die Tatsache verschärft, dass die häusliche Gewalt (z.B. körperliche Misshandlung) i.d.R. infolge der Vertreibung und den damit verbundenen negativen Auswirkungen auf die Familiendynamik ansteigt.
Zudem führen solche tiefgreifenden Veränderungen in den Strukturen und Zusammensetzungen der Familien letztendlich auch dazu, dass sich die Rolle der Kinder in der Gesellschaft verändert. So müssen diese gewisse Verantwortungen übernehmen, für die sie weder physisch, noch mental vorbereitet sind (Baquero et al., 2005). Diese Rollenveränderung lässt sich dadurch erklären, dass die Kinder und Jugendlichen bspw. aufgrund der Abwesenheit der Mutter neue Verantwortungen übernehmen müssen. Da die Mutter abwesend ist, müssen die älteren Kinder den Haushalt sowie die Aufsicht, Erziehung und Pflege ihrer jüngeren Geschwister übernehmen, was demzufolge auch für sie zu Veränderungen bzgl. ihrer Rolle in der Familie führt. Dies wirkt sich auch insgesamt auf die Beziehungen zu den Eltern aus, die besonders konfliktgeladen werden (vgl. Arias & Ruiz Ceballos, 2000; Bello Albarracín et al., 2000).

Speziell den Jugendlichen fällt der Umgang mit den Veränderungen in der Familiendynamik, v.a. in Bezug auf ihre eigene Rolle schwer (z.B. müssen sie den Haushalt übernehmen oder auf ihre jüngeren Geschwister aufpassen). Diesbezüglich sind Geschlechtsunterschiede zu erkennen: Ähnlich wie die erwachsenen Frauen haben die jüngeren Frauen im Gegensatz zu den jungen Männern bessere Chancen, eine Arbeitsstelle (informelle Arbeit) zu finden, was dazu führt, dass auch sie innerhalb der Familie mehr Autorität erhalten. Dies kann logischerweise zu Konflikten mit den Brüdern sowie mit dem Vater führen. Wenn die jungen Frauen nicht arbeiten, übernehmen sie die Aufgaben ihrer Mütter und demnach verändert sich ihre Rolle von einer ehemals *unterstützenden Tochter* zu einer *Mutter* und quasi *Ehefrau*. Allgemein kann dies zu emotionalem Unbehagen führen, u.a. weil sie durch diese neue Verantwortung ihr eigenes adoleszentes Leben nicht mehr ausleben können. Man kann eine verfrühte Verwicklung in Partnerbeziehungen beobachten, die zu frühreifen Schwangerschaften führen kann (Arias & Ruiz Ceballos, 2000).

Im Gegensatz dazu werden die jungen Männer von ehemals *jungen Versorgern* zu *unbrauchbaren Adoleszenten* (weil die Stadt für die jungen Landwirte keine Arbeitsangebote bietet), die um soziale Akzeptanz kämpfen. Ähnlich wie bei den erwachsenen Männern und Vätern, führt dies bei ihnen zu einem Gefühl der Ohnmacht, zu Selbstwertproblemen, Diskreditierung und im äußersten Falle zu einer sozialen Isolation (vgl. Arias & Ruiz Ceballos, 2000; Bello Albarracín et al., 2000).

Alleinerziehende Mütter

Aktuell werden ca. 47% aller vertriebenen Familien in Kolumbien von einem weiblichen Familienoberhaupt geführt (Constitutional Court, 2007; in IDMC, 2011). Im Falle des Verlustes des Familienvaters oder des Lebenspartners aufgrund des bewaffneten Konfliktes und des desplazamiento nimmt die Lebenssituation der vertriebenen Familien noch dramatischere Züge an (Andrade Truyol & Alvarez, 2000). Die Frau sieht sich demnach dazu gezwungen neben ihrer Rolle als Mutter und Hausfrau, die der Versorgerin und des Familienoberhauptes anzunehmen, was nicht selten zu einer Überlastung führt. Sie kann sich nicht mehr in demselben Ausmaß und auf die gleiche Art und Weise um ihre Kinder kümmern wie vor der Vertreibung, weil sie sich und ihrer Familie unter inhumanen Arbeitsbedingungen einen Lebensunterhalt sichern muss. Ihre Abwesenheit von zu Hause und die Vernachlässigung ihrer Kinder, können bei ihr Schuldgefühle auslösen und eine starke emotionale Beeinträchtigung bewirken (vgl. Bello Albarracín et al., 2000; Rozo, 2000).

2.2.5.4 Anstieg der häuslichen Gewalt

Dies bedeutet also, dass die Gewaltausschreitungen Veränderungen in der Familienstruktur- und Dynamik verursachen, die sich auf alle Familienmitglieder auswirken und in vielen Fällen zu häuslicher Gewalt führen. Der interne Krieg ruft in den betroffenen Familien verschiedene Gefühle ins Leben wie Ungewissheit, Unsicherheit, Angst und Schuldgefühle, die oftmals die Grundlage für die Entstehung von *Kindesmissbrauch* und *häuslicher Gewalt* darstellen. Diese verschiedenen Manifestationen von Gewalt können dementsprechend auch schon vor der Vertreibung zu beobachten sein, da diese Familien schließlich bereits an ihren Herkunftsorten mit der Gewalt des bewaffneten Krieges konfrontiert werden (Andrade Truyol & Alvarez, 2000).

Die hohe psychologische Anfälligkeit der *familias desplazadas*, der vertriebenen Familien, beeinträchtigt den Umgang mit der Autorität innerhalb der Familie. Hierbei sind die Kinder und die Mütter fast immer diejenigen, die von den emotionalen Ausbrüchen des männlichen Familienoberhauptes (in Form von körperlichem Missbrauch) am meisten unter Mitleidenschaft geraten. Die *Aggressionen des Familienvaters* sind i.d.R. auf ein Gefühl der Ohnmacht bei diesem zurückzuführen, das dadurch entsteht, dass dieser nicht mehr in der Lage ist, für sich und seine Familie zu sorgen. Dies führt bei dem Familienvater zu Unzufriedenheit und zu Selbstwertproblemen und wird durch die vorherrschenden patriarchalischen Strukturen verstärkt, die ihm die Rolle des Versorgers diktieren, die er aber nicht erfüllen kann (Andrade Salazar, 2010).

Insgesamt führt also die kritische Situation, die die Familien infolge des bewaffneten Konfliktes überstehen müssen, zu einer *emotionalen Überbelastung der Eltern* und Erwachsenen, die für die Erziehung der Kinder verantwortlich sind. Diese emotionale Überbelastung strapaziert die Beziehungen der Familienmitglieder und führt wie weiter oben erläutert wurde dazu, dass sich der Missbrauch an den Minderjährigen entweder verstärkt oder durch den bewaffneten Konflikt bzw. des desplazamiento in Erscheinung tritt. Dies lässt sich auch dadurch erklären, dass die unverarbeiteten Verluste und Frustrationen der Erwachsenen, d.h. die Depressionen und die emotionale Instabilität, bei den Kindern abgeladen werden und zu einem *feindlichen Umfeld für die normale Entwicklung* dieser werden. Zum anderen verlangt das neue Umfeld (städtisches vs. ländliches) den Eltern eine andere Art des Elterndaseins ab, die ihnen unbekannt ist, und sie sich folglich damit überfordert fühlen können (vgl. Andrade Truyol & Alvarez, 2000; Arias & Ruiz Ceballos, 2000; Baquero et al., 2005).

2.2.5.5 Bindung

> „One of the key disruptions caused by torture, war trauma, and refugee experiences is the impact on the survivor's interpersonal bonds. Separations and losses often are multiple and include actual and symbolic losses. Apart from deceased or missing family members, survivors of war often experience the loss of homes, property, and possessions. More subtle losses experienced by refugees include those of a sense of belonging, of social cohesion, of connection with the land and ancestors, and of culture and traditions" (Eisenbruch, 1991 zitiert nach Silove, 1999).

Der Verlust geliebter Bezugspersonen (z.B. eines Elternteils oder eines Familien-angehörigen), aber auch von Freunden und Nachbarn, gehört neben den zahlreichen materiellen und symbolischen Verlusten auch in Kolumbien zu den typischen Erfahrungen, die die niños desplazados machen. Die Trennung oder der Verlust von nahestehenden Personen können als *Beziehungstraumata* klassifiziert werden, die sich notwendigerweise negativ auf die *Bindungsmuster* und dem damit verbundenen *Beziehungsverhalten* dieser Kinder auswirken. So kann ein zuvor sicher gebundenes Kind durch ein solches Beziehungstraumata ein unsicheres Bindungsmuster entwickeln (Zimmerman et al., 1999; zitiert nach Lennertz, 2006). Zur Einordnung der Konsequenzen, die hierdurch für die Kinder entstehen können, folgt ein kurzer Abschnitt über die möglichen Folgen solcher Traumata, wobei an dieser Stelle nicht auf die Grundlagen der Bindungstheorie eingegangen wird, da dies den Rahmen dieser Studie sprengen würde.

So können sich die Erfahrungen von *familiärer Gewalt, Verlust* und *Vernachlässigung* bei Kindern in internalisierten Beziehungsmustern festsetzten, die sich in Form unsicherer Bindungsmuster zeigen, wobei die individuelle Reaktion des Kindes von verschiedenen Faktoren abhängt (vgl. 2.2.8) (Gasteiger-Klicpera, 2009). Die unterschiedlichen Bindungsqualitäten (sicher gebunden; unsicher-vermeidend; unsicher-ambivalent; unsicher-desorganisiert und desorganisiert, siehe Gasteiger-Klicpera, 2009) wirken sich mitunter auf das Beziehungsverhalten sowie auf das *Explorationsverhalten* und die hiermit verbundene *Lernmotivation* der Kinder aus (Schleiffer, 2009). Dies ist insofern von Bedeutung, als dass gezeigt werden konnte, dass zwischen einer sicheren Bindungsrepräsentation und einer Reihe im Zusammenhang gelungener Anpassungen stehender wichtiger Faktoren (erfolgreiche Bewältigung von Belastungen, Ausbildung eines guten Selbstwertes und Beziehungsgestaltung zu Erwachsenen und Gleichaltrigen) ein Zusammenhang besteht (Schleiffer, 2009). So fördert also eine in der frühen Kindheit erworbene sichere Bindung die Anpassung im weiteren Entwicklungsverlauf (Egeland, 2002; zitiert nach Schleiffer, 2009).

Im Gegensatz dazu scheint sich eine unsichere Bindung negativ auf das Verhalten von Kindern auszuwirken und zur Entwicklung von psychopathologischen Auffälligkeiten beizutragen: Laut Brisch (2010), hat sich in einer Vielzahl von Studien bei Hochrisikogruppen ein Zusammenhang zwischen unsicheren Bindungsmustern bzw. Bindungsrepräsentationen und psychischen Störungen- bzw. Symptombildern finden lassen; wobei das Muster der desorganisierten Bindung in besonderem Ausmaß für eine psychopathologische Entwicklung von Bedeutung zu sein scheint. Dementsprechend scheint die *Qualität der Bindung* einen moderierenden Effekt auf die psychische Vulnerabilitätsschwelle für Belastungen von Individuen zu haben.

Um auf die Verbindung zwischen Trauma und Bindung bei den desplazados zurückzukommen, soll an dieser Stelle darauf hingewiesen werden, dass ein Umstand, der die oft beobachtbaren Beziehungstraumata dieser Kinder erschwert darin besteht, dass diese Kinder (ähnlich wie Flüchtlingskinder) von sog. *intergenerationalen Traumatisierungen* betroffen sind. Damit ist gemeint, dass nicht nur sie selbst, sondern auch ihre Eltern traumatisiert sind. Dies führt dazu, dass sie mit psychisch belasteten Bezugspersonen aufwachsen, die sie infolgedessen nur eingeschränkt emotional unterstützen können (Lennertz, 2006). So weisen laut Brisch Forschungsergebnisse darauf hin, „dass es einen Zusammenhang zwischen desorganisierten Bindungsmustern bei Kindern und ungelösten Traumata ihrer Eltern gibt“ (Lyons-Ruth & Jacobvitz, 1999; zitiert nach Brisch, 2010, S. 95).

Die Traumatisierung der Bezugspersonen hat insofern gravierende Folgen für die Kinder, als dass diese psychisch belasteten Bezugspersonen nicht auf die durch den Konflikt und der Vertreibung entstehenden besonderen Bedürfnisse der Kinder nach Nähe und Schutz ausreichend oder adäquat eingehen können. Diese ist mit negativen Folgen für die Bindungssicherheit und dem damit verbundenen Beziehungsverhalten dieser Kinder verbunden und erhöht die Wahrscheinlichkeit der Entwicklung psychopathologischer Symptome- oder Störungsbilder (Brisch, 2010). So erläutert Lennertz (2006):

> „Sicher gebundene Kinder haben nicht nur die Erfahrung gemacht, dass ihre Bezugspersonen verfügbar sind und sie unterstützen können, sondern sind zudem in der Lage, Bindungsbeziehungen in Problemsituationen für sich zu nutzen, indem sie aktiv Nähe zu hilfreichen Erwachsenen suchen. Sie haben damit bessere Chancen, auch traumatische Erlebnisse zu bewältigen“ (S.251).

Die Lage der niños desplazados wird zudem durch den oft beobachteten Anstieg familiarer Gewalt und den prekären Lebensbedingungen nach der Vertreibung erschwert, da gezeigt werden konnte, dass neben einer Psychopathologie auf Seiten der Eltern auch hohe soziale Risikofaktoren und Belastungen wie Armut, Gewalt und schlechte Wohnbedingungen die Bindungsentwicklung gravierend beeinträchtigen können (vgl. Brisch, 2010; Lyons-Ruth & Jacobvitz, 1999; zitiert nach Brisch, 2010).

In diesem Zusammenhang gewinnt die Verfügbarkeit der erweiterten Familie sowie sozialer Netzwerke als zusätzliche Quelle sozialer Unterstützung umso mehr an Bedeutung. In Kolumbien haben verschiedene Autoren zeigen können, dass neben der Mutter oder dem Vater, auch die älteren Geschwister (primär der älteste Bruder) oder die Großmütter als

Ersatzbezugsperson fungieren können. Die Studie von Amar Amar und Berdugo de Gómez (2006) mit kolumbianischen Kindern, die in Familien mit hoher familiärer Gewalt aufwachsen, unterstreicht die Bedeutung von Bindungen zu mindestens einer anderen Bezugsperson entweder innerhalb der (erweiterten) Familie (Geschwister, Großmutter) oder im sozialen Netzwerk (Freunde) (Maldonado & Carillo, 2002; Carillo, S., Maldonado, C., Saldarriaga, L., Vega, L. & Díaz, S. 2004; zitiert nach Amar Amar & Berdugo de Gómez, 2006).

Demnach haben also die Beziehungstraumata (emotionale, materielle und symbolische Verluste und Trennungen von geliebten (Bezugs-)Personen, ihrem Zuhause, ihrem Habitat samt Spielsachen und Haustieren), welche die niños desplazados im Kontext des bewaffneten Konfliktes und des desplazamiento erfahren, einen negativen Einfluss auf ihre Bindungsmuster und ihr Beziehungsverhalten; ein Umstand der wiederum den Anpassungsprozess an die neue Umgebung erschweren kann. Die Verarbeitung der Verluste und der damit verbundene Trauerprozess wird zudem durch ihre unvorteilhafte Lebenssituation, ihre traumatisierten Bezugspersonen, ihren eigenen traumatischen Erfahrungen sowie der anhaltenden oder neu entstandenen Gewalt innerhalb der Familie erschwert, wobei verschiedene Faktoren (z.B. die Verfügbarkeit eines unterstützenden sozialen Netzwerkes) als Puffer wirken können.

2.2.6 Auswirkungen auf die Umwelt der Kinder

2.2.6.1 Einleitung

> „Symptome nach traumatischen Ereignissen sind nicht nur durch die Zusammenhänge von traumatischen Ereignissen und neurobiologischen Veränderungen bedingt, sondern auch durch gesellschaftliche Wahrnehmungen und Erklärungen“ (Lindert, 2010, S. 393).

Die Vertreibung birgt neben den unzähligen psychosozialen Folgen offensichtlich auch eine *Veränderung der geographischen und kulturellen Umwelt* in sich. Für die Minderjährigen kann dies oftmals als *Kulturschock* erlebt werden; v.a. wenn diese von ländlichen Gegenden in städtische Gebiete, oder gar in Großstädte umsiedeln. Die Kinder und Jugendlichen kommen in einer neuen Welt an, in der sie sich speziell am Anfang *fremd* fühlen und sich unter Umständen als *Eindringlinge* empfinden können. Die drastische und oft abrupte Veränderung der Umwelt kann sich auf das Verhalten von Minderjährigen auswirken. Die Kinder können starkes *Heimweh* empfinden, welches durch die schwierige Familiensituation in einer *Traurigkeit* und *Hoffnungslosigkeit* resultieren kann. Die Jugendlichen leiden primär unter der (sozialen) *Ungleichheit*, die zu einem Gefühl der *Machtlosigkeit* bzw. *Ungerechtigkeit* führen kann. Darüber hinaus kann dies zu dazu führen, dass sich die Jugendlichen zurückziehen (*soziale Isolation*), sich *einsam* fühlen und sich letztlich auf ihren *Schmerz*, ihre *Schuldgefühle* und *Wut* konzentrieren. Diese Umstände sind v.a. deshalb als gefährlich zu werten, weil die dadurch entstehende emotionale Verfassung der Kinder und Jugendlichen sie bspw. für eine (freiwillige) *Rekrutierung* durch die verschiedenen Guerilla-Gruppierungen oder dem Konsum von *Alkohol* und *Drogen* sowie der *Prostitution* besonders anfällig macht (Arias & Ruiz Ceballos, 2000).

2.2.6.2 (Aus-)Bildung

Eine weitere gravierende Konsequenz des desplazamiento ist die Tatsache, dass die Kinder und Jugendlichen die Schule abbrechen müssen. An ihren neuen Lebensorten haben sie i.d.R. Schwierigkeiten einen Platz an einer *Schule* zu finden und demzufolge gehen viele der niños desplazados nicht zur Schule. Bei denjenigen, die die Schule besuchen, ist eine hohe *Schulabbrecherquote* zu konstatieren (Andrade Truyol & Alvarez, 2000). Dies liegt unter anderem an der *Mittellosigkeit* der vertriebenen Familien, die hierdurch z.B. die Schulmaterialien (Schuluniform etc.) nicht bezahlen können, an der Diskrepanz zwischen dem Alter des Schulkindes und der besuchten Schulklasse bzw. dem Schulniveau, aber auch an einem Mangel an Plätzen an Schulen (vgl. Baquero et al., 2005; Arias & Ruiz Ceballos, 2000).

Diejenigen Kinder und Jugendlichen, die eine Schule besuchen, sind u.a. durch den Anpassungsprozess an die neue Umwelt (einschließlich der Schule), den sie durchlaufen müssen den anderen Schülern gegenüber im Nachteil. Zudem werden sie in vielen Fällen in der Schule zu Opfern von *Stigmatisierung*, welches sich logischerweise negativ auf diese Kinder auswirkt (u.a. auf ihre Beziehungen zu den Klassenkameraden und Lehrern). Diese Stigmatisierung führt bei den Schülern zu einem Unbehagen gegenüber der Schule und kann im schlimmsten Falle dazu führen, dass sie die Schule verweigern. Daneben erschweren ihnen das Heimweh, der Schmerz um die erlebten Verluste und der diesbezügliche Trauerprozess das Lernen. Dies bedeutet also, dass ihr Lernvermögen durch den *Kulturschock* und ihre Gefühlslage beeinträchtigt wird und bei ihnen im Vergleich zu ihren Klassenkameraden zu schlechteren bzw. mangelhaften Schulleistungen führen kann. Zusätzlich haben viele Kinder in den Konfliktzonen keine Schulbildung genießen können und haben dementsprechend schlechtere Schulleistungen, welche schwer aufzuholen sind.

Im Gegensatz zu diesen Kindern und Jugendlichen sind diejenigen, die keine Schule besuchen, den Sozialisierungsbedingungen der Strasse in stärkerem Maße ausgesetzt, in dem in erster Linie ein feindliches Milieu vorherrscht, welches sich unmittelbar auf die Entwicklung dieser Minderjährigen auswirkt (Arias & Ruiz Ceballos, 2000).

2.2.6.3 Soziale Bindung und Entwurzelung

Die Vertreibung von ihrer Heimat bedeutet für die desplazados nicht nur das Aufgeben von über Jahre Erlebtem und Errichtetem, sondern gleichzeitig einen Abbruch von den Beziehungen, die sie mit ihrem Lebensraum, den Nachbarn, den Tieren und der Natur aufgebaut hatten; d.h. der *Bindung zu ihrer Umwelt.* Das erzwungene Verlassen der Heimat ist für die Kinder besonders dramatisch, da sie i.d.R. von ländlichen Gegenden stammen und starke emotionale Bindungen zu ihrer Umwelt hatten. In manchen Fällen führt der bewaffnete Konflikt dazu, dass gesamte Dörfer verlassen werden und sich infolgedessen komplette Gemeinden auflösen. Allgemein kann dies den Verlust der Identität, der Kultur und des sozialen Netzwerkes nach sich führen, der zusammengenommen mit den schwierigen Bedingungen am Ankunftsort (z.B. Diskriminierung) zu einem Verlust der Wurzeln bzw. zu einer *Entwurzelung* dieser Bevölkerungsgruppe führen kann. So kann eine Diskriminierung durch die aufnehmende Gemeinde dazu führen, dass die desplazados sich dazu gezwungen sehen ihre Herkunft und damit ihre Wurzeln zu verbergen, welches einem Gefühl und der Möglichkeit einer Zugehörigkeit (soziale Bindung am neuen Lebensort) entgegenwirkt und somit eine Entwurzelung nach sich ziehen kann. Dementsprechend wird es verständlich, wenn man die emotionalen (u.a. Trauer, Nostalgie, Heimweh und *cultural bereavement*) und sozialen Folgen des desplazamiento auf die Minderjährigen berücksichtigt, dass diese jegliche Art von Bindung zu ihrer Heimat auflösen (vgl. Andrade Truyol & Alvarez, 2000; van Tilberg et al., 1996; Eisenbruch, 1991; in Silove, 1999).

Die Instabilität, die durch die häufigen Wohnsitz- und Schulwechsel (i.d.R. aufgrund anhaltender Bedrohung oder prekären Lebensbedingungen) entsteht, erschwert den psychosozialen Anpassungsprozess an die neue Umgebung und kann ein Gefühl der Entwurzelung erhöhen (Bello Albarracín et al., 2000). Dieses Gefühl kann zudem durch den Verlust ihrer Bezugsgruppen am Herkunftsort und dem *Fehlen von Zugehörigkeitsgefühlen* i.S. einer sozialen Bindung zu der neuen Umgebung verstärkt werden (vgl. Bello Albarracín et al., 2000; Campo Rodicio, 2000; Rozo, 2000).

2.2.6.4 Stigmatisierung

Die vertriebenen Kinder und Jugendlichen verlieren durch das desplazamiento ihren kollektiven Bezug bzw. ihre Referenzgruppen, was bei ihnen zum *Verlust eines Zugehörigkeitsgefühls* führen kann. Diese Situation wird für sie dadurch erschwert, dass sie am Ankunftsort oft zum Opfer von *Stigmatisierung* und *sozialer Segregation* werden. So werden sie an den Ankunftsorten als die *Schwarzen*, die *Fremden*, die *desplazados* und in manchen Fällen als *Kollaborateure* der bewaffneten Akteure bezeichnet. An dieser Stelle sollte erwähnt werden, dass die Bevölkerung Kolumbiens eine der ethnienreichsten Südamerikas ist, die hauptsächlich aus Weißen, Mestizen, Afrokolumbianern, Indigenen und Zigeunern besteht. Die verschiedenen Bevölkerungsgruppen haben z.T. bevorzugte Habitate, so leben bspw. die Afrokolumbianer vermehrt an den Küstenregionen und die Weißen und Mestizen eher im Landesinneren, z.B. in der Hauptstadt Bogotá. Dementsprechend kann es infolge des desplazamiento, am neuen Lebensort zu einer spezifischen Diskriminierung aufgrund der ethnischen Herkunft kommen bzw. sind manche dieser Gruppen im besonderen Ausmaß vom desplazamiento betroffen (z.B. die Indigenen). Dies auszuführen würde aber den Rahmen dieser Studie sprengen und deshalb soll dies nur als Hinweis auf die bestehende Problematik gelten.

Die *Etikettierung* als *desplazado* hat negative Auswirkungen auf die Kinder und Jugendlichen, da desplazados negative Attribute zugesprochen werden. Desplazado zu sein bedeutet demnach, nicht an den aktuellen Ort zu gehören, gewalttätig zu sein (da man aus einer Gegend kommt, in der viel Gewalt geherrscht hat), ein Problemkind zu sein usw. (vgl. Arias & Ruiz Ceballos, 2000; Bello Albarracín et al., 2000).

Die bedeutet also, dass der Anpassungsprozess an die neue (städtische) Umgebung von einer gewissen *soziokulturellen Diskriminierung* begleitet wird, was bei den Minderjährigen neben der Gefahr Opfer einer *Marginalisierung* zu werden, u. a. zu *Identitätsverlusten* führen kann (Andrade Truyol & Alvarez, 2000).

2.2.6.5 Identität

Die Vertreibung wirkt sich sowohl auf die *kollektive* als auch auf die *individuelle Identität* der betroffenen Subjekte aus: Die desplazados verlieren dadurch, dass sie an den neuen Lebensorten als Fremde wahrgenommen werden, ein Stück weit ihre *kulturelle Identität*. Im Falle einer Stigmatisierung von Seiten der aufnehmenden Gemeinde und den daraus entstehenden Spannungen und Konflikten, kann man beobachten, dass die Kinder und Jugendlichen (sowie die Erwachsenen) versuchen ihre Herkunft zu verbergen bzw.

versuchen unbemerkt zu bleiben, was sich folglich negativ auf ihre Identität auswirken kann. Desplazamiento zerstört insofern kollektive Identitäten, indem es die sozialen und symbolischen Welten der desplazados zerstört und einen Abbruch mit vorher bestehenden Überzeugungen, Wertvorstellungen, Bräuchen und Lebensstilen bewirkt.

In Bezug auf die *individuelle Identität* hindern sie die gesammelten (negativen) Erfahrungen, der Kontrollverlust über ihr eigenes Leben sowie die Ungewissheit bzgl. ihrer eigenen Zukunft daran, einen neuen Lebensentwurf machen zu können und verändern infolgedessen ihr Selbstbild. Die Identität kann daneben auch im Zusammenhang mit den Auswirkungen des desplazamiento auf die Familiendynamik Veränderungen unterliegen: So führt die erzwungene Annahme neuer Rollen und die damit zusammenhängenden Veränderungen in der Familiendynamik innerhalb der Familie zu Schwierigkeiten in den Sozialisierungsprozessen und der Identitätsfindung der Kinder und Jugendlichen sowie der Eltern (vgl. 2.2.5.3) (Andrade Truyol & Alvarez, 2000; Bello, 2000).

2.2.7 Auswirkungen auf die Lebensqualität

Insgesamt führt das desplazamiento zu einer *Verringerung der Lebensqualität* der betroffenen Menschen, die auch wenn sie aus einfachen Verhältnissen stammen, sich im Gegensatz zu ihrer aktuellen Situation, vor der Flucht ihren eigenen Lebensunterhalt sichern konnten. Im Anschluss an die Vertreibung leben die meisten der desplazados unter *prekären Lebensbedingungen*, in denen sie versuchen ihre existenziellen Bedürfnisse zu befriedigen, und diese Situation hat negative Auswirkungen auf die Gesundheit, das allgemeine Wohlbefinden und die Entwicklungsmöglichkeiten der betroffenen Kinder und Jugendlichen. Die *Armut* und der *Mangel an Möglichkeiten,* mit denen diese Population konfrontiert ist, kann zu *neuen Widrigkeiten* führen und somit in einer erhöhten *Vulnerabilität* der desplazados resultieren. Für Das Kind bedeutet das: Je mehr Schwierigkeiten zu bewältigen sind, desto geringer die Chance, sie erfolgreich zu durchstehen; es handelt sich folglich um einen negativen kumulativen Effekt (vgl. Bello Albarracín et al., 2000; Camilo, 2000, S.28).

2.2.7.1 Unterkunft

In den meisten Fällen wohnen die vertriebenen Familien in überbevölkerten bzw. überfüllten Zimmern, Wohnungen oder Häusern in den Randvierteln der Stadt, in denen der ärmste Teil der Stadtbevölkerung lebt oder in selbsterrichteten Slumhütten in *invasiones* (unrechtmäßige Landbesetzungen). Diese *Überbevölkerung* der Wohnsitze erhöht die Wahrscheinlichkeit von Verletzungen im Haushalt, die Ansteckungsgefahr, ehelichen Konflikte, Probleme der geistigen Gesundheit und des kindlichen Missbrauch (vgl. Bello Albarracín et al., 2000; Maldonado Guerrero, 2000).

2.2.7.2 Unterernährung und Gesundheitsprobleme

Durch die fehlenden finanziellen Mittel und dem fehlenden Zugang zu Gesundheitsdienstleistungen, kann man in vielen Fällen bei dieser Population eine *Unterernährung* sowie andere *Gesundheitsprobleme* beobachten. Dies kann u.a. zu einer Verzögerung in der Entwicklung und im Wachstum der Kinder und Jugendlichen sowie zu einer Erhöhung der Anfälligkeit für verschiedene Infektionen leiten. Darüber hinaus verhindern diese Umstände, dass die Kinder durch den daraus resultierenden Konzentrationsmangel sowie einer häufigen Abwesenheit von der Schule einen Profit aus der Schulbildung ziehen können. Neben der Unterernährung und den Gesundheitsproblemen führen u.a. der Hygienemangel, fehlendes Trinkwasser, überfüllte oder fehlende Unterkünfte zu einer erhöhten Sterbensrate innerhalb dieser Bevölkerung (vgl. Andrade Truyol & Alvarez, 2000; Bello Albarracín et al., 2000; Campo Rodicio, 2000; Maldonado Guerrero, 2000).

2.2.7.3 Erschwerter Zugang zu grundlegenden Dienstleistungen

Ein weiteres gravierendes Problem stellt der erschwerte, oder in manchen Fällen, fehlende Zugang zum *Bildungs- und Gesundheitswesen* dieser Bevölkerungsgruppe dar. Viele der Familien nehmen aus der Angst und dem Misstrauen, die ihnen der Konflikt bereitet, nicht an den Hilfsprogrammen des Staates oder der Nichtregierungsorganisationen teil. In anderen Fällen ist der Grund mitunter in der mangelnden Kapazität der verschiedenen Dienstleistungen, in der Diskriminierung, den fehlenden finanziellen Mitteln oder fehlenden Ausweisdokumenten der desplazados zu sehen (vgl. Bello Albarracín et al., 2000; Maldonado Guerrero, 2000).

2.2.7.4 Unsicherheit

Die Bedingungen der Neuniederlassung sind in den meisten Fällen mit einer *anhaltenden Unsicherheit* verbunden. Diese nimmt zwar größtenteils im Gegensatz zur Unsicherheit im Kontext des bewaffneten Konflikts andere Ausdrucksarten an (hohe Gewaltraten, hoher Alkohol- und Drogenkonsum, Konflikte innerhalb der Familien und sexuelle Aggressionen); stellt aber dennoch für die Kinder und Jugendlichen eine Risikoquelle dar. So sind die Minderjährigen v.a. in den Großstädten mit verschiedenen Gewaltformen konfrontiert

(Banden, urbane Milizen usw.), die durch ihre vorgeschriebenen Normen und Regeln die bedrohlichen Szenarien (Bedrohung, Angst und Ermordung) der Herkunftsorte in gewisser Weise weiterführen (vgl. Andrade Truyol & Alvarez, 2000; Campo Rodicio, 2000; Maldonado Guerrero, 2000).

Zusammenfassend lässt sich festhalten, dass es den meisten desplazados nahezu unmöglich ist ihre menschlichen Grundbedürfnisse (Verpflegung, Unterkunft, Gesundheit, Schutz, Zuneigung, Teilhabe und Identität) zu befriedigen, und sie sich in äußerst prekären Lebensbedingungen befinden.

2.2.8 Einflussfaktoren

So hat man in verschiedenen Studien mit Kindern und Jugendlichen, die mit traumatischen Situationen oder verschiedenartigen Stressoren konfrontiert wurden, beobachten können, dass erstaunlicherweise nicht alle der Exponierten psychische Störungen (typischerweise PTBS, Depressionen oder Angststörungen) entwickelt haben bzw. nicht in der gleichen Intensität (für einen Überblick vgl. Elbedour et al., 1993). Hiermit verbunden ist nun die Frage, aus welchem Grund diese Kinder trotz bedeutsamer Belastungen und widriger Lebensumstände nicht psychisch erkranken. In diesem Zusammenhang ist einerseits das Konzept der *Resilienz* (Widerstandsfähigkeit) und der *Risikofaktoren* und andererseits das der *Vulnerabilität* (Verletzlichkeit) und *protektiver Faktoren* zu nennen. Für das Konstrukt der Resilienz gibt es keine einheitliche Definition und aus diesem Grund folgen exemplarisch einige Definitionsversuche, die in der Forschungsliteratur bzgl. Hochrisikogruppen und spezifischer, der Auswirkungen von bewaffneten Konflikten und von Vertreibung, Anwendung gefunden haben. So verstehen Luthar (1993) und Rutter (1985) unter Resilienz:

> „ ... the attainment of desirable social outcomes and emotional adjustment, despite exposure to considerable risk“ (Luthar, 1993; Rutter 1985; zitiert nach Stichick Betancourt & Tanveer Khan, 2008, S. 317).

Eine weitere für die Situation in Kolumbien evtl. treffendere Definition lautet:

> „Resilience refers to a dynamic process encompassing positive adaptation within the context of significant adversity. Implicit in this notion are two critical conditions: (1) exposure to significant threat or severe adversity; and (2) the achievement of positive adaptation despite major assaults on the developmental process“ (Garmezy, 1990; Luthar & Zigler, 1991; Masten, Best, & Garmezy, 1990; Rutter, 1990; Werner & Smith, 1982, 1992; zitiert nach Luthar, Cicchetti, & Becker, 2000, S. 543).

Der Anpassungsprozess, durch den eine Person versucht belastende Anforderungen zu bewältigen, heißt *Coping,* und diese Bewältigungsmechanismen sind kulturspezifisch (Stubbe, 2005). Diese Bewältigungsmechanismen wiederum beinhalten Lazarus und Launier (1978) zufolge:

> „ ... efforts, both action-orientated and intrapsychic to manage (i.e. master, tolerate, reduce, minimise) environmental and internal demands, and conflicts among them, which tax or exceed a person's resources" (Lazarus & Launier, 1978; zitiert nach Rutter, 1981, S. 336).

Nachdem Resilienz früher als personengebundenes Merkmal galt (z.B. Autonomie und ein hohes Selbstwertgefühl), werden mittlerweile auch externale Faktoren als Bestimmungsgrößen anerkannt. So scheinen primär drei Gruppen von Faktoren mit der Entwicklung von Resilienz bei Kindern in Beziehung zu stehen: (1) Persönlichkeitsmerkmale des Kindes, (2) Merkmale der Familie und (3) Merkmale der weiteren sozialen Umwelt (Masten & Garmezy, 1985; Werner & Smith, 1982, 1992; zitiert nach Luthar, Cicchetti, & Becker, 2000). Dieses weitere Verständnis vom Konzept der Resilienz ergänzt die ökologischen Betrachtungsweise, die weiter oben bereits erläutert wurde (vgl. 2.2.3) (Stichick Betancourt & Tanveer Khan, 2008).

Für das Verständnis vorliegender Resilienz bei Kindern und Familien, die in widrigen Lebensumständen leben ist die Identifizierung von protektiven Faktoren und Prozessen, die trotz spezifischer Risiken wirksam werden, unabdingbar (Luthar, 1993; Rutter 1985; in Stichick Betancourt & Tanveer Khan, 2008). Mit protektiven Faktoren sind Faktoren gemeint, die die Wahrscheinlichkeit einer gestörten Entwicklung senken, bzw. dieser vorbeugen. Und im Gegensatz hierzu versteht man unter Risikofaktoren solche Faktoren, die diese Wahrscheinlichkeit erhöhen (Oerter et al., 1999 in Oerter & Montada, 2002).

In diesem Zusammenhang gewinnt die Betrachtung von sog. Risiko- und Schutzfaktoren besonders bei Kindern und Jugendlichen an großer Bedeutung, da sich diese noch in der Entwicklung befinden und somit ihre Antwort auf eine Konfrontation mit kriegsbezogenen Stressoren weder vorhersagbar noch statisch ist. Zum Beispiel kann es durchaus sein, dass Symptome erst Wochen bzw. Monate nach der Konfrontation mit einem Stressor auftreten oder genauso, dass diese zwar direkt auftreten, dann aber wieder plötzlich verschwinden. Dies bedeutet also, dass die Entwicklung einer Reaktion auf Krieg und Terrorismus zu einem dynamischen Wechselspiel zwischen Risiko- und Schutzfaktoren wird (Galante & Foa, 1986; Terr, 1983; zitiert nach Joshi & O'Donnell, 2003). Zudem scheint in der

Exploration dieser Faktoren ein wichtiger Beitrag zu liegen, da diese größtenteils unbekannt sind:

> „For war-affected children, little is known about what factors contribute to resilient or positive outcomes in the face of war-related stressors such as violence, displacement and loss. However, the present analysis of the available literature on protective factors and protective processes related to the mental health of children affected by armed conflict provides compelling evidence that such processes are at work at each level of the social ecology" (Stichick Betancourt & Tanveer Khan, 2008, S.319).

Variablen, die bei Kindern die Auswirkungen sozialpolitischer Gewalt beeinflussen sowie ganz spezifisch die Variablen, die bei den desplazados in Kolumbien als Schutz- und Risikofaktoren wirken, müssen weiter erforscht werden (vgl. Palacio et al., 1999; Sadlier, 1997; Stichick Betancourt & Tanveer Khan, 2008).

Trotz dieser Umstände folgt zur besseren Einordnung der potenziellen Auswirkungen der Vertreibung aufgrund der Gewalt in Kolumbien bei Kindern und Jugendlichen eine Auflistung von Risiko- und Schutzfaktoren sowie weiteren Einflussgrößen. Eine Besonderheit der folgenden Faktoren ist die Tatsache, dass viele dieser wirkenden Kräfte zugleich in der Mehrzahl zu den negativen psychosozialen Konsequenzen zählen, die aus dem desplazamiento por violencia resultieren. Dies kann die Differenzierung der Auswirkungen der Vertreibung von, möglicherweise unabhängig davon vorliegenden Risikofaktoren innerhalb der Bevölkerungsgruppe, erschweren.

2.2.8.1 Risikofaktoren

Im Kontext des Krieges in Kolumbien und der damit resultierenden Vertreibung haben sich folgende Faktoren in verschiedenen Studien mit Kindern, die mit Krieg und den damit verbundenen Stressoren konfrontiert sehen, als Risikofaktoren identifizieren lassen:

Lebensereignisse

Die gewaltsame Vertreibung in Kolumbien (desplazamiento forzado) (vgl. Medicos Sin Fronteras, 2010; Palacios, 1999; zitiert nach Rodríguez et al., 2005; Sabatier et al., 2010), die Umstände, die diese begleiten und die Konsequenzen, die aus dieser resultieren: *Lebensbedrohung, Ermordung nahestehender Menschen, Foltern* (Rodríguez et al., 2005), gelten als Risikofaktoren. Hierzu zählen mitunter das Erleben von *Traumata* wie die *Trennung* von oder der *Verlust* eines Familienmitgliedes oder einer wichtigen Bezugsperson (im Falle der Kinder insbesondere der Mutter oder des Vaters) (vgl. Medicos Sin Fronteras,

2010; Sabatier et al.; Bello Albarracín et al., 2000) und eine *direkte oder chronische Exposition* gegenüber der aus dem bewaffneten Konflikt resultierenden sozialpolitischen Gewalt (Sadlier, 1997), z.B. Opfer einer Entführung oder von sexuellem Missbrauch gewesen zu sein sowie Körperverletzungen, Folter oder schwerwiegende Lebensbedrohungen erlebt zu haben (Bello Albarracín et al., 2000).

Das Individuum

Auf individueller Ebene gelten bei Kindern unter anderem *chronische Gesundheitsprobleme*, *Entwicklungsstörungen*, körperliche, sensorische oder geistige *Behinderungen*, *nicht eingeschult* zu sein und *keine sinnvollen Freizeitaktivitäten* zu haben sowie erzwungenermaßen dem Alter unangemessene Arbeit auszuführen oder ausgebeutet zu werden (*Kinderarbeit*) (Bello Albarracín et al., 2000) und eine soziale Isolation (Pérez-Olmos et al., 2005) als zusätzliche Risikofaktoren.

Die Familie und das soziale Netzwerk

Auf dieser Ebene haben sich *dysfunktionale Familiendynamiken* wie *Fragmentierung* (getrennte Familien), *fehlende Anpassungsfähigkeit*, *körperlicher und sexueller Missbrauch* bzw. *Gewalt* (an Kindern und Frauen) identifizieren lassen, die oftmals ihren Ursprung in den Konsequenzen des bewaffneten Konfliktes erkennen lassen (Überforderung der Mutter durch die auferlegte Rolle als Familienoberhaupt, Überbevölkerung, Abgabe der Kinder in die Obhut der erweiterten Familie oder Bekannten etc.). Im Kontext des Konfliktes in Kolumbien führen allgemein die *Verluste von geliebten Menschen* und speziell der in sich emotional schwer belastende und oft beobachtbare *Verlust des Vaters* (Ermordung, Verschwinden, Entführung, Rekrutierung) in der Mehrzahl zu einer Reihe weiterer Risikofaktoren für die hinterbliebene Familie: Verlust des Versorgers, des männlichen Erziehungsvorbildes, des Beschützers und des Unterstützers der Familie. In der Regel muss die *alleinerziehende Mutter* als neu gewordenes Familienoberhaupt unter äußerst prekären Lebensbedingungen daraufhin die komplette Verantwortung für die Familie übernehmen (Rozo, 2000; Pérez-Olmos et al., 2005). Aber auch die im Zusammenhang der *Familienzusammensetzung* (bei getrennten Familien) beobachtbare anhaltende Sehnsucht, Ungewissheit und Angst um die Sicherheit derjenigen, die am Herkunftsort geblieben sind; der Wunsch zurückzukehren, die Trauer um den Abwesenden und die mglw. vorliegenden Schuldgefühle (aufgrund der eigenen Sicherheit) wirken sich negativ auf das Befinden der Vertriebenen aus (Arias & Ruiz Ceballos, 2000). Für die Kinder muss zum einen eine

Trennung von den Eltern und zum anderen in Obhut anderer Erwachsenen zu sein, zu denen keine bedeutsame emotionale Bindung besteht, gleichermaßen als Risikofaktor gesehen werden (Bello Albarracín et al., 2000). Die Situation der betroffenen Familien wird zudem oft durch eine *fehlende Unterstützung* durch das primäre soziale Netzwerk erschwert (Medicos Sin Fronteras , 2010).

Die Umwelt

Die Vertreibung geht i.d.R. für die Betroffenen mit einer gravierenden *Verschlechterung* ihrer *Lebensqualität* einher sowie der Schwierigkeit ihre grundlegenden (menschlichen) Bedürfnisse zu befriedigen. Hier greift der sog. negative kumulative Effekt von Risikofaktoren, in dem die desplazados bereits vor der Vertreibung schwerwiegende und traumatische Erfahrungen gemacht haben, sich ihre Lebenssituation aber selbst nach der Flucht meist nicht verbessert, sondern verschlimmert: Die vertriebenen Familien flüchten von ihren Heimatorten, wo sie für gewöhnlich bereits mit zahlreichen kriegsbezogenen Stressoren konfrontiert worden sind (und diese bewältigt oder auch nicht bewältigt haben), hinterlassen in der Regel ein über Jahre etabliertes Leben, d.h. ihr komplettes Hab und Gut und die Möglichkeiten sich ihren Lebensunterhalt sowie ihr Leben zu sichern, und kommen dann an einem neuen Ort an, wo sie sich mittellos und oft traumatisiert, unter prekären Bedingungen sodann versuchen ein Leben aufzubauen (Bello Albarracín et al., 2000). Diese Verschlechterung der Lebensbedingungen kann mit den folgenden begleitenden negativen Faktoren für die Kinder in Zusammenhang gebracht werden, die ihrerseits weitere Risikofaktoren generieren können: Das Fehlen eines (adäquaten) *Wohnsitzes* (überbevölkerte Wohnungen und unzureichende Umwelthygiene), *finanzielle Probleme*, ein erschwerter Zugang zu grundlegenden sozialen Dienstleistungen (Ausbildung, Gesundheitspflege); Unterernährung und andere gesundheitliche Probleme und ein Mangel an räumlichen Möglichkeiten zur Sozialisation. Zudem kommt es in vielen Fällen im Zusammenhang mit der Suche nach Möglichkeiten sich einen Lebensunterhalt zu sichern oder einer anhaltenden Flucht, zu einem häufigen Wechsel des Wohnsitzes, der Schule sowie der Personen, mit denen die Kinder zusammenwohnen (v.a. der Erwachsenen, die dafür verantwortlich sind Zuneigung und Schutz zu geben). Diese Unbeständigkeit erhöht die Gefahr einer *Entwurzelung* und erschwert den psychologischen Anpassungsprozess für die Kinder. Dies kann auch dazu führen, dass sie zum Opfer von *Stigmatisierung* werden, ausgeschlossen werden und folglich ihren kollektiven Bezug verlieren (vgl. Bello Albarracín et al., 2000; Medicos Sin Fronteras , 2010).

Insgesamt bietet der neue Ort nicht die gleichen *Entwicklungschancen* und erhöht in diesem Sinne die bereits bestehende Vulnerabilität dieser Population, da dies als aufrechterhaltender Faktor von zum Beispiel vorliegender Symptome einer PTBS zu werten ist (Rodríguez et al., 2005).

Zusammenfassend lässt sich feststellen, dass die prekären Bedingungen am neuen Lebensort nicht die existenziellen Bedürfnisse dieser Menschen befriedigen. Umso gravierender wirkt sich sodann eine ausbleibende soziale Unterstützung (Diskriminierung, Ausschluss, Ablehnung und Geringschätzung) von Seiten der aufnehmenden Gemeinde, aber auch eine fehlende humanitäre Hilfe durch die Regierung in Form von Obdach, Nahrungsmittel, gesundheitliche und psychosoziale Dienste, Bildung usw. auf das Befinden dieser Population aus.

2.2.8.2 Protektive Faktoren

Das Individuum

In Verbindung mit den individuellen Schutzfaktoren ist das Konzept der psychischen Widerstandsfähigkeit (*Resilienz*) zu nennen, welche durch einen *adaptiven Bewältigungsstil*, durch die *Familie* und das *Glaubenssystem* verstärkt wird (Rodríguez et al., 2005). Ein Glaubenssystem, das dem potenziell traumatischen Ereignis einen Sinn verleiht, scheint entsprechend eine schützende Wirkung zu haben (Masten et al., 1990; zitiert nach Sadlier, 1997). Sabatier et al. (2010) haben in ihrer Studie zur Analyse der Risiko- und Schutzfaktoren bei jungen Adoleszenten in Kolumbien bzgl. der Effekte der politischen Gewalt die Bedeutung *sozialer Kompetenzen* beleuchten können. Des Weiteren konnte gezeigt werden, dass eine *hohe Intelligenz* bei salvadorianischen Kindern, die kriegsbezogenen Stressoren ausgesetzt waren, zur Erhaltung der psychischen Gesundheit beigetragen hat (Walton et al., 1997). Folglich erstaunt es nicht, dass eine gute schulische Leistung sowie Erfolgserlebnisse in anderen Bereichen, eine positive Wirkung bei vertriebenen Kindern in Kolumbien hatten (vgl. Bello Albarracín et al., 2000; Pérez-Olmos et al., 2005). Bei Kindersoldaten in Kolumbien, die bewaffneten Kampf erlebt hatten und bei denen im Anschluss keine Symptome kriegsbedingter Traumata beobachtet werden konnten, wurden anhand einer narrativen Analyse mehrere Themen identifiziert, die womöglich als Schutzmechanismen gewirkt haben könnten: *A sense of agency, soziale Intelligenz, Empathie* und *Affektregulation, gemeinsame Erfahrungen, caregiving features* und eine *Verbindung zur Gemeinde, Zukunftsbewusstsein, Hoffnung* und *Wachstum*, eine *Verbindung zu Spiritualität* und *Moralität* (Cortes & Buchanan, 2007; zitiert nach Stichick Betancourt & Tanveer Khan, 2008). Einigen Studien zufolge haben vorwiegend eine *hohe Intelligenz*, eine *internale Kontrollüberzeugung*, *gute Bewältigungsmechanismen* und ein *unkompliziertes Temperament* bei Kindern Schutzpotential (Fergusson & Horwood, 2003; Masten & Powell, 2003; zitiert nach Stichick Betancourt & Tanveer Khan, 2008).

Die Familie und das soziale Netzwerk

Abgesehen von den intrinsischen Eigenschaften des Kindes, scheint eine für das Kind vorteilhafte Umwelt für eine positive Entwicklung von Kindern und Jugendlichen ausschlaggebend zu sein. Hierzu gehören besonders die Anwesenheit und die *Unterstützung durch die Familie* (vgl. Kliewer et al., 2001; Sabatier et al., 2010; Bello Albarracín et al., 2000), der *Familienzusammenhalt* (Sabatier et al., 2010; DuRant, Cadenhead, Pendergrast, & Slavens, 1994; zitiert nach Kliewer et al., 2001) und das Vorliegen einer *guten Beziehung zu den Eltern* bzw. zu mindestens einem Elternteil (Boney-McCoy & Finkelhor, 1995; zitiert nach Kliewer et al., 2001; Guedeney, 1998; zitiert nach Palacio et al., 1999). In *Bindungsbeziehungen* liegt für Kinder ein wichtiges Protektionspotenzial für die Bewältigung schwieriger Umstände (vgl. Bowlby, 1969; Rutter, 1985; zitiert nach Stichick Betancourt & Tanveer Khan, 2008). Laut Stichick Betancourt und Tanveer Khan (2008) weisen eine Reihe von Studien darauf hin, dass unter anderem eine *soziale Unterstützung* und eine *soziale Bindung*, mit einer positiven psychischen Gesundheit in Verbindung stehen. Dementsprechend konnten Kliewer et al. (2001) in ihrer Studie zum Coping kolumbianischer Kinder mit der Gewalt gegen Familienmitglieder nachweisen, dass soziale Unterstützung das Risiko mindert emotionale Probleme zu internalisieren. In gleicher Weise scheint die *Verbundenheit mit Familienmitgliedern*, *Peers* und *mit Anderen* in größeren Gemeinden, der Internalisierung emotionaler Probleme und der Entwicklung von Verhaltensstörungen bei IDPs entgegenzuwirken (Betancourt, 2002; zitiert nach Stichick Betancourt & Tanveer Khan, 2008). Dies bedeutet also, dass nicht nur proximale Faktoren der Umwelt (z.B. die Familie) eine bedeutsame schützende Wirkung auf Kinder haben, sondern auch entfernter gelegene Faktoren wie z.B. die *erweiterte Familieneinheit* oder die *Anwesenheit von Freunden* im sozialen Netzwerk (Sabatier et al., 2010). Dementsprechend wirkt die *Ankunft bei Verwandten oder Freunden* nach der Vertreibung schützend auf das Befinden der Binnenflüchtlinge, die diesen im ersten Moment Schutz und soziale Unterstützung leisten können (Camilo, 2000).

Eine *gute Kommunikation* innerhalb der Familie und die Möglichkeit über die erlebte

Gewalt sprechen zu können, d.h. mit anderen Gefühle zu teilen und Erfahrungen auszutauschen, kann ebenfalls zu einem besseren Befinden der vertriebenen Kinder in Kolumbien beitragen (Bello Albarracín et al., 2000; Kliewer et al., 2001).

Die Umwelt

Protektive Faktoren aus der distaler gelegenen Umwelt liegen für Kinder und Jugendlichen primär in der Unterstützung, die sie in *Bildungseinrichtungen* wie der Schule oder in *Religionseinrichtungen* wie der Kirche erfahren können (vgl. Guedeney, 1998; zitiert nach Palacio et al., 1999; Stichick Betancourt & Tanveer Khan, 2008). Demnach scheint sich der *Besuch einer Schule*, an der die vertriebenen Kinder Akzeptanz und Unterstützung erfahren, positiv auf ihr Befinden auszuwirken (Bello Albarracín et al., 2000). Grundlegend für eine gesunde Entwicklung ist zudem der Zugang zu bzw. Zugriff auf *Gesundheitsdienstleistungen*, eine *Unterkunft*, eine gute *Ernährung*, *psychosoziale* und *soziale Dienste* und *rechtliche Dienstleistungen* (Aguilar & Retamal, 1998; Betancourt, 2005; zitiert nach Stichick Betancourt & Tanveer Khan, 2008). Entsprechend hat Sadlier (1997) in ihrer Studie zu den Effekten der sozialpolitischen Gewalt auf Kinder in Kolumbien feststellen können, dass die *Herkunft aus privilegierten Verhältnissen* der Entwicklung von Symptomen einer PTBS entgegengewirkt hat. Ein höherer *sozioökonomischer Status* und ein höherer *Bildungsgrad der Eltern* scheinen ebenfalls als Schutzfaktoren zu fungieren (Walton et al., 1997). Zusätzlich scheint eine *kulturelle Ähnlichkeit* zwischen dem Herkunftsort und dem neuen Lebensort den Anpassungsprozess zu erleichtern (Camilo, 2000).

Im Kontext der Situation der desplazados sind demnach *positive soziale* (positive Aufnahme durch die empfangende Gemeinde, unterstützende soziale Netzwerke) und *institutionelle Reaktionen* (schnelle humanitäre Hilfe in Form von Nahrungsmitteln, Obdach, Gesundheit und Bildung, die Existenz realer Bedingungen einer Rückkehr an den Herkunftsort, ein Siedlungsort mit angemessenen Lebensbedingungen) von grundlegender Bedeutung für eine positive Bewältigung, da sie den Anpassungsprozess an den neuen Lebensort erleichtern (Camilo, 2000).

2.2.8.3 Moderatoren

„Most experts agree that there are a number of *mediating variables* that impact how a child will respond when exposed to the traumas of war and terrorism" (Joshi & O'Donnell, 2003, S. 286).

Joshi & O'Donnell (2003) teilen demnach die wirkenden Kräfte in Bezug auf Auswirkungen von Krieg und Terrorismus auf Kinder in drei Kategorien ein: (1) Art und Ausmaß der Exposition, (2) unterstützende Familienstrukturen und (3) individuelle Faktoren des Kindes. Diese Einordnung lässt sich in erweiterter Form auf die Moderatoren bei den psychosozialen Auswirkungen des desplazamiento por violencia übertragen.

Art und Ausmaß der Exposition

Die Art und das Ausmaß der (emotionalen) Auswirkungen der Vertreibung werden zu einem großen Teil durch den *Grund für die Vertreibung*, d.h. durch die *Art der erlebten Gewalttaten* bedingt (vgl. Rodríguez et al., 2005; Sluzki, 1994; zitiert nach Bello Albarracín et al., 2000), die zur Flucht motiviert haben und durch die *Unvorhersehbarkeit der Ereignisse* beeinflusst (Bello et al., 2000). So ist davon auszugehen, dass die Auswirkungen der Vertreibung aufgrund von Gewalt negativer und massiver ausfallen als die Auswirkungen einer Flucht aufgrund einer Naturkatastrophe (z.B. Schlammlawinen, Überschwemmungen usw.), die in Kolumbien ebenfalls gehäuft anzutreffen sind. Dies lässt sich auf die in der Regel vor der Vertreibung erlebten gewaltsamen und oft traumatischen Ereignisse zurückführen: Ein Individuum, das sich aufgrund erlebter Folter, Massaker, gezielter Tötungen, Verschwinden und Entführungen, Bombardierungen oder bewaffneter Auseinandersetzungen zur Flucht entscheidet, wird mit Sicherheit einen höheren Vulnerabilitätsgrad besitzen als ein Individuum, das sich aufgrund von Bedrohung, Gerüchten, bewaffneten Auseinandersetzungen in der Gegend, Rekrutierungsdrohungen (gegen Kinder) durch die bewaffneten Gruppierungen, eingeschränkter Zugang zu Verpflegung und Gesundheitsdienstleistungen usw. dazu entscheidet (Camilo, 2000). Bei der Entwicklung eines Traumas determinieren *Exposition* gegenüber des oder der traumatischen Ereignisse, *Intensität*, *Dauer* und *Grad der Nähe zum Ereignis* die Auftretens-wahrscheinlichkeit einer PTBS (Rodríguez et al., 2005). Des Weiteren spielt der *Schweregrad des Stimulus* eine bedeutsame Rolle (Bessel, 1987; zitiert nach Rodríguez et al., 2005). Aus mehreren Studien geht hervor , dass Probleme auf der Ebene psychosozialer Funktionen zu erwarten sind, wenn Kinder in Abwesenheit adäquater Unterstützung durch die Familie und die Gemeinde mit multiplen kumulativen kriegsbezogene Stressoren konfrontiert werden (vgl. Garbarino, Kostenly, & Dubrow, 1991; McCallin & Fozzard, 1990; Ressler, Boothby, & Steinbock, 1988; zitiert nach Joshi & O'Donnell).

Unterstützende Familienstrukturen und das soziale Netzwerk

Neben der Art und Ausmaß der Exposition ist davon auszugehen, dass soziale Unterstützungssysteme ebenfalls einen moderierenden Effekt auf die Auswirkungen der gewaltsamen Vertreibung auf Kinder haben. Verschiedene Autoren erwähnen die *Familienmerkmale* und die *familiäre Anpassungsfähigkeit* (z.B. das Verhalten der Erwachsenen im Umgang mit den Ereignissen) auf die Geschehnisse (vgl. Bello et al. 2000; Pérez-Olmos et al., 2005). Logischerweise können sich Eltern, welche die schwierige Situation erfolgreich bewältigen, besser um ihre Kinder und ihre Familie kümmern als solche, die noch selber mit den Folgen des oder der Traumata zu kämpfen haben. Ebenfalls von ausschlaggebender Bedeutung ist die *Familienzusammensetzung*: Besonders für Kinder ist eine *Trennung* von, mehr noch der *Verlust* eines oder beider Elternteile, aber auch allgemein die Trennung von oder der Verlust eines Familienmitgliedes und die hieraus entstehenden Konsequenzen (z.B. eine plötzlich mittellose alleinerziehende Mutter) mit einer Reihe negativer Auswirkungen verbunden (Arias & Ruiz Ceballos, 2000).

Demnach hat die *Qualität der sozialen Unterstützung* (Echeburúa & DeCorral, 1996; zitiert nach Rodríguez et al., 2005) und besonders für Kinder die *psychische Gesundheit* (oder das Befinden) *der Bezugsperson* (Elbedour et al., 1993) eine ausschlaggebende Wirkung auf die Art und Weise, in der Kinder mit Krieg und Trauma umgehen. Ajdukovic und Ajdukovic (1993) konnten diesen Effekt auch bei Flüchtlingskindern nachweisen: Bei den Flüchtlingskindern, dessen Mütter Schwierigkeiten hatten mit dem Stress der Vertreibung umzugehen, konnten sie signifikant höhere Inzidenzraten von Stressreaktionen beobachten. Elbedour et al. (1993) führen hierzu aus, dass Eltern und andere Bezugspersonen entweder als *Schutzschild* fungieren können, oder aber den Umgang des Kindes mit dem Kriegsstress verkomplizieren können, wenn es ihnen nicht gelingt diesen selbst erfolgreich zu bewältigen. Insgesamt scheint sich demnach die *Anpassung der Eltern* oder der Bezugspersonen an die Situation der Vertreibung auf das Befinden ihrer Kinder auszuwirken. In diesem Sinne vertreten manche Theoretiker die Ansicht, dass die psychologischen Effekte von Gewalt auf Kinder womöglich eher von der Verfügbarkeit *enger und zuverlässiger Bindungsfiguren* abhängig sind, die während und im Anschluss an die schwierigen Ereignisse Unterstützung leisten könnten, als von den Ausmaßen der Gewalt selbst (Garbarino, Dubrow, & Kostelny, 1991; zitiert nach Stichick Betancourt & Tanveer Khan, 2008).

Umwelt

Die *sozialen* und *kulturellen Merkmale* (Ähnlichkeiten bzw. Unterschiede bzgl. Interessen, Gewohnheiten, Bräuchen und Sitten) des *neuen Umfeldes* sowie die *soziale Unterstützung* durch die *aufnehmende Gemeinde* können die Eingliederung der Vertriebenen entweder erleichtern oder erschweren (Bello Albarracín et al., 2000). Logischerweise erleichtern Zugangsmöglichkeiten zu neuen Sozialisationsinstanzen (z.B. die Schule) die Anpassung an das neue Umfeld.

Individuelle Faktoren des Kindes

Bei dem Kind selber, wirken sich mitunter das *Geschlecht*, das *Alter* bzw. das *Entwicklungsstadium*, die *genetische Disposition*, vorher erlebte *Traumata* oder bereits vorliegende *psychische Störungen*, die *Persönlichkeit* und *Personenmerkmale*, verfügbare *Ressourcen* für die Bewältigung und der *Bewältigungsstil*, auf die Art und das Ausmaß der Auswirkungen der Vertreibung auf das psychische Wohlbefinden aus (vgl. Rodríguez et al., 2005).

Eine *problematische Persönlichkeit* (Loslösung oder Gleichgültigkeit; Besessenheit bzgl. unterstützender Faktoren; eine idealisierte, übermächtige Mutter; das Vorliegen eines Risikos an einer Hyperaktivitätsstörung zu erkranken; psychosomatische Symptome) (vgl. Lemay, 1998; zitiert nach Cirulnik, 1998 zitiert nach Palacio et al., 1999) sowie Schüchternheit; Phobien, Angststörungen und familiäre Interaktionsmuster, die Abhängigkeit fördern und zu erlernter Hilflosigkeit führen; alles Faktoren, die das Knüpfen sozialer Kontakte erschweren, haben einen negativen Einfluss auf die psychosoziale Anpassung von Kindern (Blakeney et al., 1988; zitiert nach Joshi & O'Donnell, 2003). Im Gegensatz hierzu kann man bei extrovertierten risikofreudigen Individuen, die über eine gute Impulskontrolle und Selbstregulierung verfügen und nach Hilfe fragen bzw. Unterstützung suchen, positive psychosoziale Anpassung beobachten (Joshi & O'Donnell). Für Rutter (1981) hat das *cognitive appraisal* eines Individuums, also die kognitive Bewertung eines Ereignisses, einen bedeutsamen Einfluss auf die Art der Reaktion (Lazarus & Launier, 1978; zitiert nach Rutter, 1981).

Ein besonderer Aspekt der niños desplazados por la violencia in Kolumbien ist die Tatsache, dass insbesondere diese Populationsgruppe mit den vielseitigen Konsequenzen des in Kolumbien herrschenden Bürgerkriegs herangewachsen ist und somit zeitgleich *multiplen* menschenrechtswidrigen Situationen (politische, soziale und häusliche Gewalt) ausgesetzt worden ist. Dies bedeutet, dass sie bereits vor der Vertreibung *Kriegserfahrungen* gemacht haben und folglich eine *Sozialisation* erfahren haben, die sie in unterschiedlichem Maße dazu befähigt hat, den Krieg und die damit verbundenen Erfahrungen und Gefühle zu *bewältigen* (z.B. Aneignung von Überlebensstrategien, Verarbeitung von Verlusten) (Bello Albarracín et al., 2000).

Alter

Da die Flucht und die damit verbundenen Erlebnisse in Abhängigkeit vom Entwicklungsstadium (aus psychologischer und physiologischer Sicht) verschiedene Auswirkungen haben, muss ferner bei der Betrachtung der psychosozialen Effekte der Vertreibung bei Kindern das Alter (primär zum Zeitpunkt der Flucht) festgehalten werden.

Kinder im *Vorschulalter* sind sich der Konsequenzen der Ereignisse, die sich in ihrer Umgebung ergeben weniger bewusst; sind aber dafür gegenüber der Trennung von ihren Eltern und anderen (erwachsenen) Bezugspersonen sehr empfindlich (Bello Albarracín et al., 2000). In kognitiver Hinsicht fällt es Kindern unter sechs Jahren schwer die Perspektive anderer einzunehmen; dies kann dazu führen, dass Kinder in dem Alter irrtümlicherweise meinen, dass die Ereignisse ihre Schuld seien (Joshi & O'Donnell, 2003), was infolgedessen gravierende Folgen auf ihr emotionales Befinden haben kann.

Kinder im *Schulalter* besitzen im Gegensatz zu jüngeren Kindern bereits ein gewisses Verständnis der Ereignisse, die sich um sie herum abspielen: Sie sind sich ihrer eigenen Sterblichkeit sowie der Auswirkungen der Situation auf sie selbst und ihre Familie bewusster; können unterscheiden, wenn sie diskriminiert werden und sich als andersartig empfinden (v.a. wenn ihnen in der Schule mit Feindseligkeit und Zurückweisung entgegengetreten wird). Dies liegt unter anderem daran, dass sie bereits die Fähigkeit des Perspektivenwechsels entwickelt haben (Joshi & O'Donnell, 2003). Dennoch sind sie bzgl. ihrer Denkfähigkeit noch sehr konkret, welches ihnen das akkurate und vollständige Verständnis der traumatischen Ereignisse erschwert (Joshi & O'Donnell, 2003).

Einerseits stellen die *Jugendlichen* durch die körperlichen Veränderungen, denen sie sich zeitgleich stellen müssen, eine besonders vulnerable Gruppe dar: Die soziale Struktur, innerhalb der sie den Übergang in das Erwachsenenleben durchleben hätten sollen, ist durch den erzwungenen Ortswechsel nicht mehr vorhanden, wodurch sich die Jugendlichen wie in einer *sozialen Leere* fühlen können, v.a. dann wenn sie keine Orientierung und Unterstützung von ihren Eltern erhalten. Dies kann wiederum die Gefahr erhöhen depressive

Gefühle zu entwickeln, dadurch dass Jugendliche dazu tendieren ihre Gefühle (über das erlebte Trauma) für sich zu behalten, und kann zudem ihre Beeinflussbarkeit z.B. durch Terroristenorganisationen, erhöhen (Joshi & O'Donnell, 2003). In Verbindung mit dem desplazamiento forzado in Kolumbien hat man andererseits bei den Jugendlichen oftmals eine spontane Identifikation mit dem urbanen Leben beobachten können, welches wiederum den Anpassungsprozess beschleunigt und den Wunsch einer Rückkehr in den Herkunftsort verblassen lässt (Grinberg & Grinberg, 1980; zitiert nach Bello et. al., 2000).

Zusammenfassend lässt sich sagen, dass es in Bezug auf die Auswirkungen des desplazamientos por violencia in Kolumbien nicht möglich ist Verallgemeinerungen zu machen. Nicht jedes Kind reagiert auf die gleiche Art und Weise und aus diesem Grunde ist es wichtig verschiedene Einflussgrößen (z.B. Verluste, Erfahrungen, Lebenssituation, Persönlichkeit, Familiendynamik etc.) bei der Betrachtung der psychosozialen Auswirkungen dieses Phänomens zu berücksichtigen (Bello Albarracín et al., 2000).

2.2.9 Vulnerabilität

Entwicklungsstand

Ein wesentlicher Aspekt bei der Betrachtung der psychosozialen Auswirkungen der Vertreibung bei Kindern und Jugendlichen ist, dass sich diese in der Entwicklung bzw. im Reifungsprozess befinden. Dementsprechend hat die Vertreibung bei Kindern und Jugendlichen andere Auswirkungen als bei Erwachsenen, und hier muss wiederum nach dem genauen Alter bzw. nach dem Entwicklungsstand ausdifferenziert werden. Die durch die Gewalt hervorgerufenen Stressreaktionen lassen sich am besten im Kontext der sozialen, emotionalen und kognitiven Entwicklung der Kinder verstehen, da sie je nach Entwicklungsstand unterschiedlich ausfallen (Joshi & O'Donnell, 2003). Kinder befinden sich noch im Reifungsprozess und verfügen zu dem Zeitpunkt der Konfrontation mit dem potenziell traumatisierenden Ereignis der Vertreibung folglich nicht über die gleichen Ressourcen wie Erwachsene. Zum Beispiel wirkt sich der Verlust der Mutter auf ein Kleinkind anders aus, als auf ein älteres Kind, einen Jugendlichen oder einen Erwachsenen.

> „Die potenziell traumatisierende Situation trifft auf Kinder, die sich in unterschiedlichen Entwicklungsphasen, mit entsprechenden Vulnerabilitäten und Abwehrmöglichkeiten befinden“ (Adam, 2005, S.60).

Dies trifft auch auf die vertriebenen Kinder in Kolumbien zu, und demnach haben verschiedene Autoren die Situation dieser als besonders kritisch eingeschätzt, da sie sich noch im Wachstums- und Reifungsprozess befinden und dadurch spezielle physische, immunologische, psychologische und soziale Charakteristika besitzen, die sie im Gegensatz zu ausgereiften Menschen besonders verletzlich machen (Baquero et al., 2005; Andrade Truyol & Alvarez, 2000). Diese *Vulnerabilität* drückt sich bspw. auch darin aus, dass die Kinder und Jugendlichen neben der durchaus schwierigen Aufgabe des Erwachsenwerdens gleichzeitig zahlreiche Verluste und Traumata überwinden müssen (Joshi and O'Donnell, 2003).

Zudem führt diese Vulnerabilität durch die *Unsicherheit*, die an den neuen Lebensorten der desplazados meist vorherrscht, zu einer *Erhöhung der Gefahr der Rekrutierung* durch die verschiedenen Guerilla-Gruppierungen und kann darüber hinaus zu *Delinquenz*, *Prostitution* und *Kinderarbeit* überleiten. Die Gründe hierfür liegen mitunter in der finanziellen Notlage der vertriebenen Familien, in der neben den Eltern auch die Kinder dazu beitragen müssen das Einkommen des Haushaltes zu sichern (Andrade Truyol & Alvarez, 2000).

Aber nicht nur für die vertriebenen Kinder geht das desplazamiento mit einer erhöhten Vulnerabilität einher:

> „In summary, it is difficult to deny that IDPs have certain needs that are distinct from the general population and which require special attention. What distinguishes the internally displaced are the *unique needs and heightened vulnerabilities* that arise as a result of forced displacement, including their need for a durable solution" (Mooney, 2005, S. 18).

Auch in Kolumbien ist eine allgemeine Konsequenz, oder vielmehr das Resultat des desplazamiento, eine erhöhte Vulnerabilität dieser Bevölkerungsgruppe. Diese wird durch die Unsicherheit in Kolumbien, den unzureichenden Hilfsangeboten von Seiten des Staates und einem infolgedessen oft zu beobachtenden anhaltendem desplazamiento (protracted displacement) zu einem Überlebenskampf für diese Menschen, der gleichzeitig zu einer Abhängigkeit von humanitärer Hilfe führt. Dadurch, dass sich aber die Lebenssituation von der Mehrzahl der IDPs und in ähnlicher Weise der desplazados für gewöhnlich kaum bessert, ist demzufolge keine Verringerung dieser Vulnerabilität erkennbar (Mooney, 2005). Es ist aus dieser Vulnerabilität heraus, dass die verschiedenen Auswirkungen des desplazamiento in Kolumbien auf die Population der Kinder und Jugendlichen betrachtet werden müssen.

2.2.10 Stand der Forschung

Überblick

Zu der Erforschung der psychosozialen Auswirkungen des desplazamientos por violencia bei Kindern in Kolumbien gibt es nur einige wenige veröffentlichte *quantitative* Studien, die primär epidemiologisch orientiert sind und nach dem Zusammenhang von desplazamiento und der Entwicklung von Symptomen oder dem Krankheitsbild einer posttraumatischen Belastungsstörung bzw. nach der psychischen Gesundheit dieser Kinder fragen (vgl. Castaño, 1994; zitiert nach Palacio et al., 1999; Sabatier et al., 2010). Zu nennen wäre zudem der Bericht des Symposiums *Efectos psicosociales y culturales del desplazamiento* (die psychosozialen und kulturellen Effekte des desplazamiento): Dieses Symposium wurde vom *Programa de Iniciativas Universitarias para la Paz y la Convivencia* (PIUPC) der *Universidad Nacional de Colombia, Bogotá* (Nationalen Universität von Kolumbien, Bogotá), der *Corporación AVRE* und der *Fundación Dos Mundos* ins Leben gerufen und gibt den Stand der psychosozialen Arbeit im Jahre 1999 mit der genannten Bevölkerungsgruppe wieder (Bello, Martín Cardinal, & Arias, 2000).

Des Weiteren konnte Vorort an der *Universidad Autónoma de Bucaramanga* eine unveröffentlichte Abschlussarbeit gefunden werden, die bei einer Stichprobe von 100 vertriebenen Kindern im Alter von 4 bis 16 Jahren, die Charakterisierung der vorliegenden Symptome einer PTBS durchgeführt hat (Cárdenas Medina & Gutiérrez Espalza, 2004). Die Autoren dieser Arbeit haben sich darüber hinaus auf zwei weitere unveröffentlichten Arbeiten zur Untersuchung der Symptome bzw. dem Störungsbild einer PTBS bei niños desplazados in Bucaramanga, Kolumbien bezogen (Beltrán & Uribe, 2004; Alejo et al., 2004; in Cárdenas Medina & Gutiérrez Espalza, 2004). Zum Zusammenhang zwischen einer PTBS und dem desplazamiento bei Adoleszenten sind die Arbeiten von Palacio et al. (1999) und Rodríguez et al. (2005) zu nennen.

In Bezug auf die Effekte der *sozialpolitischen Gewalt* bzw. *dem Krieg in Kolumbien* auf die psychische Gesundheit (in erster Linie der Entwicklung von Symptomen oder dem vollständigen Krankheitsbild einer PTBS) von Kindern gibt es mehrere Studien (vgl. Abello, Amar, Botto, Carrillo, Castro, & Linares, 2001; Kliewer et al., 2001; Pérez-Olmos et al., 2005; Sadlier, 1997).

Nach sorgfältiger Sichtung der Literatur konnten nur einige wenige *qualitative* Studien zu den psychosozialen Auswirkungen des desplazamientos por violencia aus der *Sicht der Kinder* gefunden werden:

Ausgewählte Studien

(1) Im Rahmen eines Projektes der *Universidad Nacional de Colombia, Bogotá* mit der *Fundación Educativa Amor* wurden *relatos de la violencia* (Geschichten über die Gewalt) von 7-15 jährigen niños desplazados (n=14; w= 6, m=8) erhoben. Bei dem Projekt handelte es sich um eine psychosoziale Intervention zur Erleichterung des Anpassungsprozesses der desplazados an die urbane Umgebung, in dessen Rahmen in einem Zeitraum von anderthalb Jahren anhand eines Leitfadens sowie verschiedener Aktivitäten mit den Kindern (Zeichnungen, Interviews, Spielaktivitäten) einzelne Geschichten gesammelt wurden. Die endgültigen *Geschichten über die Gewalt* wurden aus dem in den verschiedenen Aktivitäten gewonnenem Material zusammengesetzt, in denen die Kinder gebeten wurden über Themen wie die Ereignisse des desplazamiento (davor, währenddessen und danach), dem Herkunftsort, der Beziehungen innerhalb der Familie, den Tätigkeiten am Herkunftsort, den Gewalt- und Kriegserfahrungen, dem Grund für das desplazamiento, dem aktuellen Wohnort, Alltagsaktivitäten sowie ihren Einstellung gegenüber einer Rückkehr an den Herkunftsort zu berichten. Die Autoren kamen zu folgenden Schlussfolgerungen:

- Das desplazamiento in Kolumbien ist ein komplexes sozialpolitisches Phänomen, das *multiple Auswirkungen* auf die betroffenen Kinder hat und sich in Abhängigkeit einer Reihe von Faktoren *in unterschiedlichem Ausmaß* auswirkt (Alter, Geschlecht, Ethnie, sozialer Kontext, Anpassungsfähigkeit der Individuen und ihrer Familien, Verfügbarkeit und Qualität der sozialen Unterstützung, Vulnerabilität vor und nach der Vertreibung).
- Die Bevölkerungsgruppe der vertriebenen Kinder und Jugendlichen wird *vor, wahrend* und *nach der Vertreibung* zu *Opfern* von multiplen und verschiedenen Arten von *Gewalt- und Kriegserfahrungen* (Entwurzelung, desplazamiento, Ablehnung, Anonymität, Schutzlosigkeit, Verluste, häusliche Gewalt, soziale und institutionale Gewalt) und entwickelt infolgedessen eine *Gewaltkultur.*
- Das *Verständnis* der Kinder und Jugendlichen vom desplazamiento sowie die *Bedeutung*, die sie diesem geben stehen in direktem Zusammenhang zu ihrem *Alter* und ihrem *Entwicklungsstand.*

- Das desplazamiento ist fast immer mit einer *Verschlechterung der Lebensqualität* der Individuen und der Familien verbunden (Überbevölkerung, mangelnde Umwelthygiene, Unterernährung und erschwerter Zugang zu grundlegenden Dienstleistungen).
- Vielen Kindern gelingt eine *ungezwungene Identifizierung* mit dem *städtischen Leben*, welches den Anpassungsprozess an die neue Umgebung beschleunigt, die (Aus-)*Bildung* zu einem wichtigen Bestandteil ihres Lebens werden lässt und den Wunsch einer *Rückkehr* verblassen lässt.
- *Viele* der *Folgen* des desplazamientos sind für die Kinder und Jugendlichen unter bestimmten Gegebenheiten (Befriedigung der grundlegenden Bedürfnisse; emotionale Unterstützung durch zuverlässige Bezugspersonen, soziale Unterstützung) *überwindbar* (Bello Albarracín et al., 2000).

In Abgrenzung an die vorliegende Studie soll an dieser Stelle betont werden, dass die Kinder der genannten Studie aus anderen Regionen kamen (Meta, Caquetá, Casanare, Putumayo, Urabá, Boyacá, Tolima und Valle del Cauca), es sich in erster um eine qualitative Arbeit handelt (z.B. liegt keine Stichprobendeskription vor), in der nur die Kinder befragt wurden und es primär um die Erfassung der kurzfristigen Effekte des desplazamiento ging.

(2) In einer unveröffentlichten Abschlussarbeit (*Universidad Autónoma de Bucaramanga*) wurden anhand eines qualitativen halbstandardisierten Interviews die dynamischen Aspekte der Trauerarbeit bei 7-15 jährigen niños desplazados (n= 18; w= 12, m= 6) untersucht, die sich in einem Slum in einer Randzone Bucaramangas (*Café Madrid*) niedergelassen hatten. Im Rahmen der Interviews wurden die Kinder zum Grund des desplazamiento, ihren Tätigkeiten vor der Vertreibung, ihrer Lebensqualität (vorher und nachher), ihren Gefühlen gegenüber dem desplazamiento und den bewaffneten Akteuren, ihrer aktuellen Gefühlslage, ihrer Schlafqualität, evtl. vorliegender psychosomatischer Erscheinungen und ihren Erwartungen befragt. Die Autoren kamen zu dem Schluss, dass der Trauerprozess dieser Kinder sich nicht im erwarteten (d.h. gesundem) Sinne entwickelt und begründeten dies mit den physischen Mängeln sowie den Verlusten (materiell und symbolisch), mit denen sie konfrontiert werden (Moreno Luna & Pinto Ariza, 2004).

Auch bei dieser Arbeit handelte es sich im Gegensatz zu der vorliegenden Studie um ein rein qualitatives Vorgehen, bei dem keine Stichprobendeskription vorgenommen wurde, und nur die Kinder zu den Ereignissen befragt wurden. Durch die fehlende Deskription bleibt es unklar, ob es sich um die kurz- oder langfristigen Effekte der Vertreibung handelt. Ein weiterer Unterschied ist im Niederlassungsort der Kinder zu sehen, der sich in der Randzone Bucaramangas befindet.

(3) In ihrer Dissertation konnte Lozano Gómez (2009) anhand einer ganzheitlichen Analyse der Familienstrukturen sowie der subjektiven Sicht von vertriebenen Bauernfamilien feststellen, dass die psychosozialen Auswirkungen des desplazamiento forzado auf die Familien, aber v.a. auf die Kinder und Frauen, negativer und multipler Art sind und gravierende Folgen für diese mit sich bringen.

Im Rahmen der quantitativ und qualitativ angelegte Studie wurden, neben der umfassenden Erforschung der Familien, acht Kinder in einem halbstandardisiertem Interview zu ihrer Lebenssituation (sowohl vor als auch nach dem desplazamiento), vorhandenen Risiken, zur Schule, zu Gewalterfahrungen, ihrem Leid und zu ihren Bedürfnissen sowie der Nichterfüllung dieser befragt. Darüber hinaus wurden sie gebeten Zeichnungen zu ihrem Herkunftsort, ihrem aktuellen Lebensort sowie ihrem *Wunschlebensort* anzufertigen (vgl. Lozano Gómez, 2009).

Da sich ein qualitativer Ansatz in Bezug auf die Erforschung der psychosozialen Auswirkungen aus der Perspektive der Kinder folglich bewährt hat, möchte die vorliegende Studie diesen übernehmen. In Abgrenzung zu den aufgeführten Arbeiten sollen jedoch die *langfristigen Folgen* des desplazamiento bei einer Gruppe von vertrieben Kindern untersucht werden, die eine *staatliche Schule in der Stadt* besuchen, nicht in einem Slum. Darüber hinaus sollen zur besseren Einordnung der Folgen neben den Kindern, auch die *Bezugspersonen* zu den Ereignissen sowie der Lebenssituation befragt werden und eine Stichprobendeskription vorgenommen werden. Das ursprüngliche Vorhaben, das qualitative Vorgehen anhand eines Fragebogens zum Verhalten quantitativ abzusichern, musste aus methodenkritischen Gründen aufgegeben werden.

3 Empirische Untersuchung

3.1 Fragestellung und Zielsetzung

In der vorliegenden Studie sollen **die langfristigen psychosozialen Auswirkungen des desplazamiento por violencia aus der Perspektive von vertriebenen Kindern in Kolumbien** untersucht werden. In diesem Kontext sollen Gedanken und Gefühle sowie (auffällige) Verhaltensweisen beleuchtet werden, die sich auf die Vertreibung zurückführen lassen. Diese Hauptfragestellung lässt sich in drei Nebenfragestellungen gliedern:

(1) **Wie erleben kolumbianische Kinder die Vertreibung und die Gewalt im Zusammenhang des bewaffneten Konfliktes in Kolumbien (desplazamiento por violencia)?**

Hierbei soll erläutert werden, ob sich die Kinder an die Vertreibung erinnern können und was für Erinnerungen und Gefühle sie hiermit verbinden. Von besonderem Interesse ist die Frage, ob sie in diesem Zusammenhang Verlust- oder Gewalterfahrungen gemacht haben, die für sie traumatisch waren bzw. ob das desplazamiento selbst für sie ein Trauma darstellt und ob sie sich vorstellen könnten an ihren Herkunftsort zurückzukehren.

(2) **Hat die Vertreibung Auswirkungen auf das Erleben und Verhalten von kolumbianischen Kindern und wie manifestieren sich diese?**

Es sollen die Emotionen, Empfindungen sowie Gedanken und Wünsche dieser Kinder exploriert werden. Neben ihrem aktuellen Befinden, soll konkret den Fragen nachgegangen werden, ob sie sich am neuen Lebensort ausgegliedert fühlen, ob sie sich im Allgemeinen entwurzelt (heimatlos) fühlen, was sie über den bewaffneten Konflikt in Kolumbien wissen und wie sie hierzu stehen. Von besonderem Interesse ist die Frage, ob die Vertreibung (wenn sie mit Verlustgefühlen verbunden ist) insgesamt einen (negativen) Einfluss auf das Bindungsverhalten kolumbianischer Kinder ausübt.

(3) **Unter welchen Lebensbedingungen wachsen vertriebene kolumbianische Kinder auf und wie erleben sie diese?**

Neben der Erfassung der Lebensqualität (anhand ausgewählter soziodemographischen Daten), liegt ein Schwerpunkt auf der Frage, ob es innerhalb der

Familiendynamik zu (negativen) Veränderungen gekommen ist und was die Schule für vertriebene kolumbianische Kinder bedeutet.

Ferner sollen bei der Untersuchung Faktoren berücksichtigt werden, die in der gängigen Literatur im Bereich der Resilienzforschung als sog. Risiko- und Schutzfaktoren gelten und sich dementsprechend auf die Bewältigung der Vertreibung von den Kindern auswirken können.

Die verschiedenen Elemente, die für die Beantwortung der Fragestellung untersucht werden sollen, lassen sich in ein konzeptuelles Arbeitsmodell integrieren (siehe Abb. 3). Dieses postuliert, dass die Auswirkungen des desplazamiento auf das psychische Wohlbefinden von niños desplazados das Resultat einer Wechselwirkung zwischen den im Zuge des Konfliktes gemachten Erfahrungen sowie den individuellen Eigenschaften des Kindes, der Familie und des sozialen Netzwerkes sowie der Umwelt darstellt. Dieses Gedankenmodell stellt eine von der Autorin adaptierte Version des von Walton et al. (1997) zur Untersuchung der Auswirkungen von Krieg auf die psychische Gesundheit von salvadorianischen Kindern vorgestellten ökologischen Modells dar. Anhand der Exploration dieser Faktoren sollen im Folgenden primär die subjektiven Empfindungen und Gedanken dieser Kinder, bezogen auf ihr eigenes Schicksal, untersucht werden.

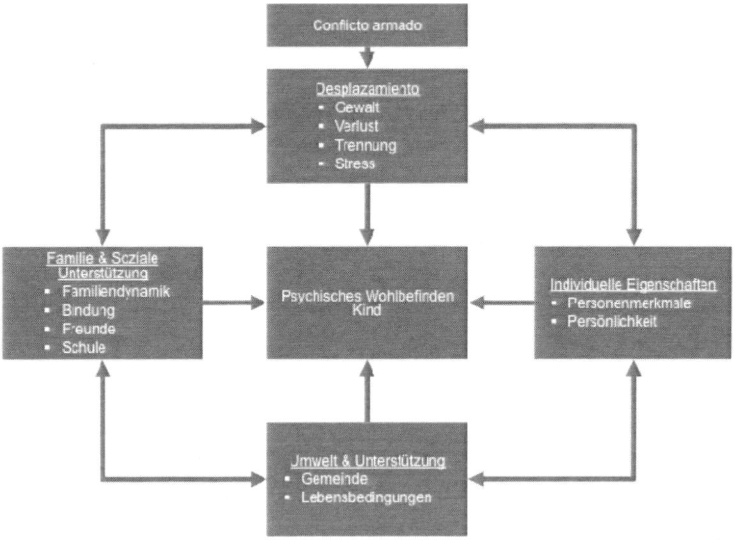

Abbildung 3 Konzeptuelles Arbeitsmodell zur Betrachtung der psychosozialen Auswirkungen des desplazamiento aus der Sicht von Kindern (adaptiert von Walton et al., 1997)

4 Methode

4.1 Methodenkritische Überlegungen

Die Erforschung eines psychologischen Phänomens in einem anderen Land (v.a. in der sog. Dritten Welt) wirft notwendigerweise methodenkritische Überlegungen auf, da psychologische Tests und Testsituationen als kulturgebunden gelten. Dies bedeutet demnach, dass bei der Anwendung psychodiagnostischer Verfahren (Tests, Verhaltensbeobachtung usw.) bspw. in Kolumbien, die aber in Europa und den USA entwickelt worden sind, Vorsicht geboten ist. Dies liegt daran, dass aufgrund kultureller Unterschiede viele methodische Probleme entstehen können, die sich letztlich auf die Validität der Ergebnisse auswirken können (Stubbe, 2004).

In diesem Zusammenhang unterscheidet die Kulturvergleichende Psychologie zwischen *emischen* und *etischen* Sichtweisen. Bei einer emischen Herangehensweise nimmt der Forscher eine Innensicht ein, indem er versucht die psychischen Phänomene aus der jeweiligen Kultur heraus zu verstehen. Bei der etischen Herangehensweise nimmt der Forscher einen Standpunkt außerhalb der Kultur ein und versucht universelle Gesetzmäßigkeiten nachzuweisen. Dementsprechend werden bei der emischen Sichtweise eher qualitative Methoden angewandt und bei der etischen eher quantitative (Stubbe, 2005). Inwiefern diese Sichtweisen eine Dichotomie bilden ist umstritten: So spricht sich Pike (1989; zitiert nach Berry, 1989) dagegen aus und betonte, dass beide Ansätze wertvoll seien; und Stubbe (2005) schlägt vor, beide Sichtweisen als Extrempunkte auf einem Kontinuum zu betrachten.

Darüber hinaus haben bereits Autoren darauf hingewiesen, dass das Erklärungsmodell der posttraumatischen Belastungsstörung (PTBS) der Erfassung der Auswirkungen von Krieg und den damit verbundenen Folgen bei Kindern nicht gerecht wird, da es eine reduzierte und einseitige epidemiologische Betrachtungsweise darstellt (vgl. Lennertz, 2006; Sabatier et al., 2010; Stichick Betancourt & Tanveer Khan, 2008). Wie soeben erläutert wurde, handelt es sich dabei um die Anwendung, bestenfalls adaptierter Versionen, westlicher Diagnostik-Inventaren, d.h. dass die Validität der Ergebnisse durchaus in Frage gestellt werden kann. Dementsprechend haben verschiedene Autoren Zweifel bzgl. der Anwendung solcher *westlichen Traumamodelle* auf unterschiedliche Kulturen geäußert, in denen politischer Machtmissbrauch vorherrscht (Bracken et al., 1995; Simpson, 1993; Summerfield, 1997; in

Silove, 1999). Dennoch ist es nach wie vor der verbreitetste Forschungsansatz bei der Betrachtung solcher Phänomene (Sabatier et al., 2010).

Ein großer Nutzen ist demnach aus einer subjektzentrierten qualitativen Exploration der Auswirkungen auf Kinder und Jugendliche zu sehen, die in einem zweiten Schritt wertvolle Informationen für die Entwicklung passender Interventionsprogramme stellen kann (Bello Albarracín et al., 2000). Ein weiterer Wert qualitativer Forschungsmethoden ist, dass diese an die jeweilige Kultur angepasst werden können (z.B. die Entwicklung eines Interviews für die zu untersuchende Kultur); ein Umstand der den Anspruch an die Validität der Ergebnisse erheblich erhöhen kann.

Die Autorin der vorliegenden Studie hat primär versucht, eine emische Perspektive einzunehmen. Von Vorteil war bei ihrem Vorhaben sicherlich, dass die Autorin bikulturell ist und Spanisch ihre Muttersprache ist, und sie darüber hinaus im Vorfeld bereits mit einer vergleichbarem Bevölkerungsgruppe (niños desplazados) in Berührung gekommen war. Des Weiteren hat sie in erster Linie qualitative Forschungsmethoden angewandt, da ihr ursprünglich konzipierter kombinierter Ansatz (emisch und etisch bzw. qualitativ und quantitativ) gerade aus kulturspezifisch methodenkritischen Problemen aufgegeben werden musste.

4.2 Stichprobe

4.2.1 Kriterien der Stichprobenselektion

Anliegen dieser Studie war eine explorative Einzelfalluntersuchung möglicher psychosozialer Auswirkungen des desplazamientos por violencia auf das psychische Wohlbefinden und die Lebenssituation kolumbianischer niños desplazados, die in Bucaramanga, Kolumbien leben. Der Grund für die Vertreibung sollte hierbei die aus dem bewaffneten Konflikt resultierende Gewalt darstellen. Da primär das subjektive Erleben der Kinder von Interesse war, sollten diese im schulfähigen Alter sein, um über die Erlebnisse reflektieren zu können. Bei der Auswahl der Untersuchungsteilnehmer galten daneben ökonomische und die Sicherheit der Forscherin betreffende Erwägungen. Demzufolge beansprucht die Auswahl keine Repräsentativität. Dennoch wurde versucht eine relativ homogene Stichprobe zu erhalten, indem alle Kinder dieselbe Schule besuchten und von diesen nur solche in die Untersuchung aufgenommen wurden, die aufgrund von Gewalt vertrieben worden waren, und nicht bspw. in Folge einer Naturkatastrophe.

4.2.2 Gewinnung der Stichprobe und Kontaktaufnahme

Zunächst einmal wurde Vorort mit der Schuldirektorin der Institución Educativa INEM, San Pablo, Sede H Kontakt aufgenommen. Nach Darstellung und Absprache des Untersuchungsvorhabens erfolgte mit der Unterstützung der Schuldirektorin die Identifikation der niños desplazados, die diese Schule besuchen. Die Identifizierung erfolgte zunächst durch eine direkte Ansprache, die in einem zweiten Schritt durch Sichtung der Anmeldungsunterlagen überprüft wurde, in denen der Status als desplazado erfragt wird. Im Anschluss wurden die 17 (ein Kind war an dem Tag abwesend) identifizierten Kinder von der Forscherin im Rahmen einer Vorstellungsrunde persönlich angesprochen und in das Vorhaben eingeweiht sowie auf den freiwilligen Charakter der Studie hingewiesen. Hierbei wurden die Kinder gebeten sich vorzustellen und anschließend von der Forscherin einzeln aufgerufen, die sich dann Namen, Alter und Schulklasse des jeweiligen Kindes notierte und sich auf diese Art und Weise von jedem Kind eine mündliche Einwilligung einholen konnte. Daraufhin wurde anhand offizieller Dokumente (*carta de desplazamiento*), persönlicher Gespräche mit dem jeweiligem Kind oder der Rückversicherung durch die Eltern überprüft, ob die Kinder tatsächlich aufgrund der Gewalt als desplazados galten. Nach dieser Überprüfung wurden 15 Kinder in die Untersuchung aufgenommen sowie ein weiteres Kind zur Durchführung eines Probeinterviews. Von diesen Kindern wurde aus Gründen, die die Sicherheit der Forscherin betreffen, von den jeweiligen Klassenlehrerinnen eine *schriftliche Einwilligung* eingeholt. Die *freiwillige Teilnahme* aller anwesenden Kinder erklärt sich die Autorin u.a. durch die vorherige positive Erfahrung der Schüler mit den ehemaligen Psychologiepraktikantinnen, die öffentliche Unterstützung des Projektes durch die Schuldirektion, der Verteilung von Süßigkeiten (Bortz & Döring, 2009), der Herkunft der Autorin sowie der Aufmerksamkeit und die soziale Anerkennung, welche die Kindern durch die Teilnahme an der Untersuchung erhielten.

4.2.3 Beschreibung der Stichprobe

An der kompletten Untersuchung nahmen insgesamt 13 Kinder teil, von denen *vier Mädchen* (30.8%) und *neun Jungen* (69.2%) waren (vgl. Tab. 1).

		Häufigkeit	Prozent	Gültige Prozente	Kumulierte Prozente
Gültig	Weiblich	4	30.8	30.8	30.8
	Männlich	9	69.2	69.2	100.0
	Gesamt	13	100.0	100.0	

Tabelle 1 Geschlechtsverteilung

Das *Alter* der Kinder lag zwischen 9 und 13 Jahre, welches einem *Durchschnittsalter* von 10.08 Jahren entspricht. Die genaue Altersverteilung kann man aus Tabelle 2 entnehmen.

		Häufigkeit	Prozent	Gültige Prozente	Kumulierte Prozente
Gültig	9	4	30.8	30.8	30.8
	10	6	46.2	46.2	76.9
	11	2	15.4	15.4	92.3
	13	1	7.7	7.7	100.0
	Gesamt	13	100.0	100.0	

Tabelle 2 Altersverteilung

Um die Identität der befragten Kinder zu schützen, wurden ihre Namen geändert und in den folgenden Ausführungen werden sie folglich unter den in Tabelle 3 aufgeführten Namen gehandhabt.

Anzahl	Name	Geschlecht	Alter
1	Ana	weiblich	13
2	Brian	männlich	10
3	Cristina	weiblich	10
4	Diego	männlich	10
5	Enrique	männlich	11
6	Felipe	männlich	10
7	Gustavo	männlich	9
8	Hugo	männlich	9
9	Inés	weiblich	10
10	Jaime	männlich	9
11	Kevin	männlich	11
12	Lorenzo	Männlich	10
13	Martha	weiblich	9

Tabelle 3 Untersuchungsteilnehmer

Alle der Untersuchungsteilnehmer besuchten die Grundschule an der Institución Educativa INEM, San Pablo, Sede H in Bucaramanga, Kolumbien. Die genaue Verteilung der Kinder auf die *Schulklassen* 3, 4 und 5 zeigt Tabelle 4.

		Häufigkeit	Prozent	Gültige Prozente	Kumulierte Prozente
Gültig	3	3	23.1	23.1	23.1
	4	4	30.8	30.8	53.8
	5	6	46.2	46.2	100.0
	Gesamt	13	100.0	100.0	

Tabelle 4 Schulklassenverteilung

Wie aus Tabelle 5 zu entnehmen ist, wurde fast die Hälfte (46.2%) der Kinder in *Bucaramanga* geboren, ein Kind in der Nähe von Bucaramanga, drei Kinder stammen aus dem an *Santander* angrenzenden *Norte de Santander* und nur drei Kinder aus weiter entfernter gelegeneren Orten.

		Häufigkeit	Prozent	Gültige Prozente	Kumulierte Prozente
Gültig	Bogotá	2	15.4	15.4	15.4
	Bucaramanga	6	46.2	46.2	61.5
	El Bagre, Antioquia	1	7.7	7.7	69.2
	Giron, Santander	1	7.7	7.7	76.9
	La Vega, Cáchira; Norte de Santander	1	7.7	7.7	84.6
	Ocaña, Norte de Santander	1	7.7	7.7	92.3
	Santa Rosa, Bolivar	1	7.7	7.7	100.0
	Gesamt	13	100.0	100.0	

Tabelle 5 Geburtsort

Der Geburtsort der Kinder ist vor allem im Vergleich zu dem *Ort des desplazamiento* also dem Ort, von dem diese vertrieben worden interessant, da dies zeigt, dass ein Großteil der Kinder nach ihrer Geburt aus Bucaramanga weggezogen sein muss (vgl. Tab. 6).

		Häufigkeit	Prozent	Gültige Prozente	Kumulierte Prozente
Gültig	Antioquia	1	7.7	7.7	7.7
	Cáchira, Norte de Santander	2	15.4	15.4	23.1
	El Tarra, Norte de Santander	1	7.7	7.7	30.8
	Municipio de Lebrija	1	7.7	7.7	38.5
	San Pablo, Sur de Bolívar	1	7.7	7.7	46.2
	Santa Rosa, Bolívar	2	15.4	15.4	61.5
	Sur de Bolívar	2	15.4	15.4	76.9
	Villa María, Sogamosa	3	23.1	23.1	100.0
	Gesamt	13	100.0	100.0	

Tabelle 6 Ort des desplazamientos

Fast alle der befragten Kinder besitzen die sog. *carta de desplazamiento* (*Vertriebenenbrief*) (n=12) und alle verfügen über *Ausweisdokumente*.

Das *durchschnittliche Alter zum Zeitpunkt des desplazamiento* der untersuchten Kinder beträgt 4.5 Jahre und der *durchschnittliche Zeitraum*, der seitdem vergangen ist liegt bei 5.8 Jahren; das ungefähre Alter der Kinder zu dem Zeitpunkt der Vertreibung wurde anhand des Geburtsdatums und dem angegeben Datum des desplazamiento berechnet und der ungefähre verstrichene Zeitraum aus der Differenz zwischen dem angegebenen Datum und dem Erhebungsdatum (vgl. Tab. 7).

Durchschnittsalter zum Zeitpunkt des *Desplazamiento*				**Durchschnittlicher Zeitraum seit dem *Desplazamiento***		
	Geburtsdatum	Datum des Desplazamiento	Alter	Datum des Desplazamiento	Interviewdatum	Zeitraum
Ana	23.2.98	Apr. 04	6.1	Apr. 04	May. 11	7.1
Cristina	5.5.01	Jul. 09	8.2	Jul. 09	May. 11	1.8
Inés	25.1.01	Sep. 01	0.6	Sep. 01	Jun. 11	9.8
Martha	17.9.01	Sep. 04	3.0	Sep. 04	May. 11	6.7
Brian	24.11.00	May. 02	1.4	May. 02	May. 11	9.0
Diego	21.4.01	Jun. 05	4.2	Jun. 05	May. 11	5.8
Enrique	25.10.99	Jun. 05	5.7	Jun. 05	Jul. 11	6.0
Felipe	9.9.01	Jun. 05	3.8	Jun. 05	Jun. 11	5.9
Gustavo	29.9.01	Sep. 05	3.9	Sep. 05	Jun. 11	5.8
Hugo	24.4.02	Feb. 10	7.8	Feb. 10	Jun. 11	1.3
Jaime	29.10.01	Nov. 01	0.0	Nov. 01	Jun. 11	9.6
Kevin	15.5.00	Sep. 05	5.3	Sep. 05	Jun. 11	5.8
Lorenzo	18.3.01	Feb. 10	8.9	Feb. 10	Jun. 11	1.3
ø Alter			**4.5**	ø Jahre		**5.8**

Tabelle 7 Altersverteilung beim desplazamiento und verstrichener Zeitraum

Der von den Bezugspersonen der Kindern angegebene *Grund für das desplazamiento* stellt Tabelle 8 dar, demnach war das am häufigsten genannte Motiv für die Vertreibung die direkte Bedrohung durch eine der bewaffneten Gruppierungen (30.8%), gefolgt von bewaffneten Auseinandersetzungen zwischen den Gruppierungen (23.1%) sowie deren Anwesenheit (23.1%) an ihren Herkunftsorten.

		Häufigkeit	Prozent	Gültige Prozente	Kumulierte Prozente
Gültig	Tod eines Familienmitgliedes durch Anwesenheit bewaffneter Gruppierungen	1	7.7	7.7	7.7
	Anwesenheit bewaffneter Gruppierungen	3	23.1	23.1	30.8
	Indirekte Bedrohung durch bewaffnete Gruppierungen	2	15.4	15.4	46.2
	Direkte Bedrohung durch bewaffnete Gruppierungen	4	30.8	30.8	76.9
	Bewaffnete Auseinandersetzung zwischen den bewaffneten Gruppierungen	3	23.1	23.1	100.0
	Gesamt	13	100.0	100.0	

Tabelle 8 Grund für das desplazamiento

Den *Verlust eines Familienmitgliedes* aufgrund der Vertreibung wurde nur in drei Fällen genannt (23.1%). Im Vergleich hierzu wurde aber das *Erleben menschenrechtswidriger Ereignisse* von 84.6 % der befragten Bezugspersonen genannt.

Als *Grund für die Wahl des neuen Lebensortes* gaben 53.8% die Familie an, 23.1% gaben an bereits vorher einen Bezug zu Bucaramanga gehabt zu haben, und bei den restlichen 23.1% gab es keinen bestimmten Grund. Dementsprechend gab die Mehrheit der Familien an (61.5%) nach dem desplazamiento bei ihren Familien untergekommen zu sein.

		Häufigkeit	Prozent	Gültige Prozente	Kumulierte Prozente
Gültig	Familie	7	53.8	70.0	70.0
	Vorheriger Bezug	3	23.1	30.0	100.0
	Gesamt	10	76.9	100.0	
Fehlend	Sonstiges	3	23.1		
Gesamt		13	100.0		

Tabelle 9 Grund für die Wahl des neuen Lebensortes

		Häufigkeit	Prozent	Gültige Prozente	Kumulierte Prozente
Gültig	Familie	8	61.5	61.5	61.5
	Freunden	1	7.7	7.7	69.2
	Sonstiges	3	23.1	23.1	92.3
	Eigentum	1	7.7	7.7	100.0
	Gesamt	13	100.0	100.0	

Tabelle 10 Ankunftsort

Das Durchschnittsalter der Väter lag bei 37.75 Jahren (zwischen 33 und 49) und der Mütter bei 32.15 Jahren (zwischen 24 und 41).

Die Mehrheit der Väter haben keine oder eine Grundschulausbildung erreicht (93.3%), bei den Mütter betrug die Zahl derjenigen, die mindestens eine Grundschulausbildung genossen hatten (66.7%); der restliche Anteil hat eine weiterführende Schule besucht.

Dementsprechend geht der Großteil der Väter verschiedenen Tätigkeiten nach, wie bspw. dem dem Bergbau und der Landwirtschaft, informeller Arbeit oder ist selbstständig (76.9%) (vgl. Tab. 11).

		Häufigkeit	Prozent	Gültige Prozente	Kumulierte Prozente
Gültig	Landwirtschaft & Bergbau	3	23.1	23.1	23.1
	Informelle Arbeit	2	15.4	15.4	38.5
	Selbstständig	5	38.5	38.5	76.9
	Angestellter	3	23.1	23.1	100.0
	Gesamt	13	100.0	100.0	

Tabelle 11 Beruf des Vaters

Die Mütter gehen größtenteils informeller Arbeit nach (Haushaltshilfen, Straßenverkäuferinnen usw.) (38.5%) oder sind Hausfrauen (23.1%) (vgl. Tab. 12).

		Häufigkeit	Prozent	Gültige Prozente	Kumulierte Prozente
Gültig	Gefängnis	1	7.7	8.3	8.3
	Informelle Arbeit	5	38.5	41.7	50.0
	Selbstständig	2	15.4	16.7	66.7
	Angestellte	1	7.7	8.3	75.0
	Hausfrau	3	23.1	25.0	100.0
	Gesamt	12	92.3	100.0	
Fehlend	System	1	7.7		
Gesamt		13	100.0		

Tabelle 12 Beruf der Mutter

Die Anzahl an Kindern, die mit ihrer Kernfamilie wohnen ist gleich groß wie derjenigen, die im erweiterten Familienkreis (zzgl. Großeltern, Tanten, Onkeln usw.) aufwachsen (vgl. Abb. 4) und die Anzahl der Kinder innerhalb der unterschiedlichen Familiensysteme betrug im Durchschnitt 3.62 mit einem Minimum von einem, und einem Maximum von 8 Kindern.

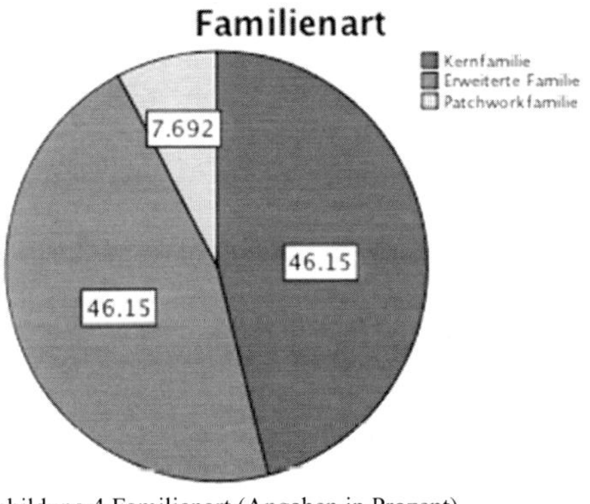

Abbildung 4 Familienart (Angaben in Prozent)

Darüber hinaus wachsen über die Hälfte der Kinder (53.85%) bei beiden Eltern auf, ungefähr ein Drittel (30.77%) wächst alleine bei der Mutter auf und der Rest (7.69%) entweder bei anderen Familienmitgliedern oder bei dem Vater (7.69%) (vgl. Tab. 5). Diese Umstände lassen sich u.a. dadurch begründen, dass die Hälfte der Eltern aus verschiedenen Gründen getrennt voneinander leben, bzw. sich getrennt haben, welches in Tabelle 6 ersichtlich wird.

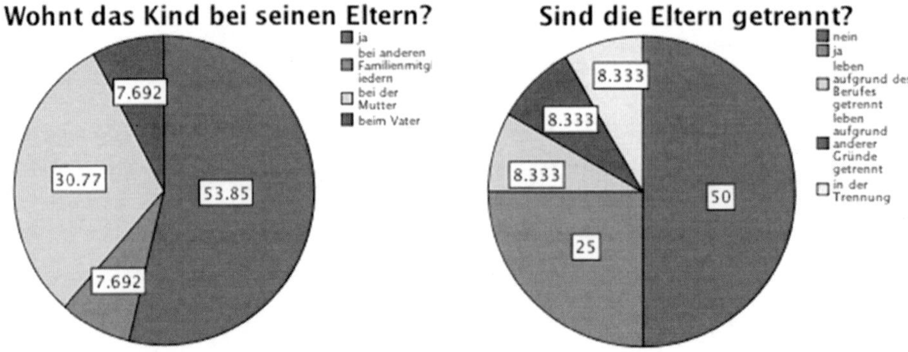

Abbildung 5 Familienzusammensetzung (Angaben in Prozent)

In Bezug auf die Lebensbedingungen der Kinder lässt sich festhalten, dass fast alle den untersten sozialen Schichten angehören (0 und 1). In Kolumbien wird vom Staat ein System der sozialen Schichtung angewandt, das 7 soziale Schichten umfasst, und zwar von 0 (unterhalb der Armutsgrenze) bis 6 (hoch). Demzufolge wachsen die befragten Kinder unter sehr armen Verhältnissen auf, da der Großteil (69.2 %) der Sozialschicht 1 (sehr niedrig) angehört (vgl. Tab. 13) (DANE, 2012).

		Häufigkeit	Prozent	Gültige Prozente	Kumulierte Prozente
Gültig	0	2	15.4	16.7	16.7
	1	9	69.2	75.0	91.7
	2	1	7.7	8.3	100.0
	Gesamt	12	92.3	100.0	
Fehlend	-1	1	7.7		
Gesamt		13	100.0		

Tabelle 13 Soziale Schichtung

Zu der *Wohnsituation* und der *Unterkunftsart* (vgl. Abb. 6) lässt sich anmerken, dass die Mehrheit der Familien in Mietwohnungen (58.33%) leben bzw. zu einem großen Teil (46.15%) in Einzimmerwohnungen.

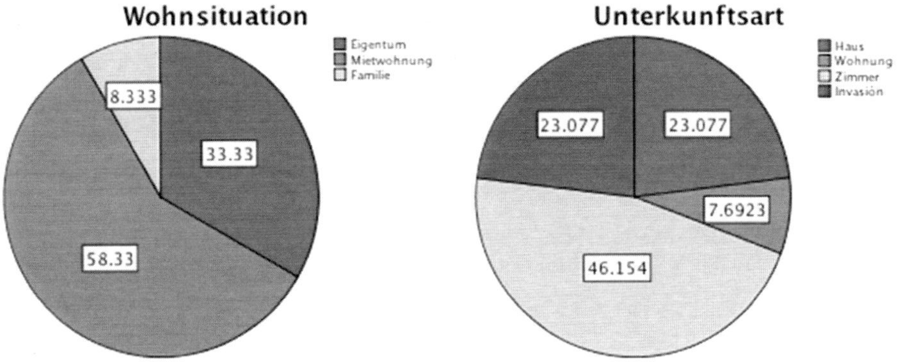

Abbildung 6 Wohnsituation und Unterkunftsart (Angaben in Prozent)

Ein weiteres Indiz für die Armut dieser Familien ist die Angabe von 61.53% der Bezugspersonen, dass es den Familien an Nahrungsmitteln fehlt (vgl. Abb. 7).

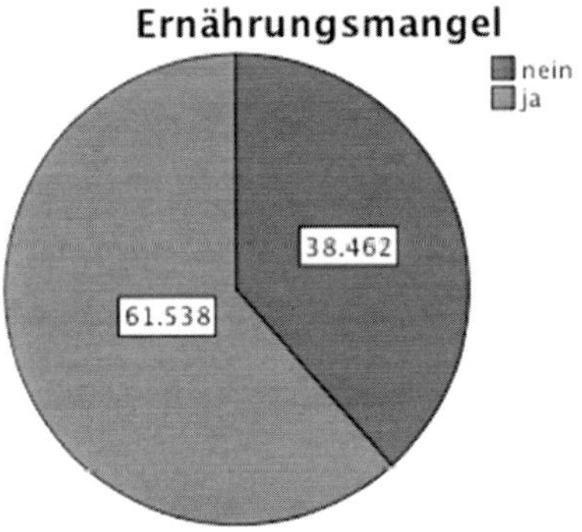

Abbildung 7 Ernährungsmangel (Angaben in Prozent)

4.2.4 Setting der Untersuchung

Schule

Die Erhebung aller Daten erfolgte ausschließlich durch die Forscherin an der staatlichen Vor- und Grundschule Institución Educativa INEM, San Pablo, Sede H im Stadtviertel *Bucaramanga* der Stadt Bucaramanga im Department Santander in Kolumbien. Die Schule stellt für die Kinder ein natürliches Setting dar und kann somit als relativ neutraler Erhebungsort gesehen werden.

Die Datenerhebung wurde in zwei Räumen durchgeführt: Im Medienraum und in einem Zimmer, welches für die Psychologiepraktikantinnen eingerichtet wurde. Der Medienraum verfügt im Vergleich zu dem Zimmer der Psychologiepraktikanten über weitaus mehr Tageslicht, hat eine Klimaanlage und ist durch die Verglasung der Fenster besser isoliert (bzgl. des Lärmpegels). Gerade aus dem letzten Grund wurden die Interviews, da sie aufgezeichnet werden sollten, in diesem Raum durchgeführt. Allerdings wirkt der Raum durch das Fehlen von Lehrer- und Schülerpulten sowie durch die karge Dekoration recht kalt. Das Zimmer der Psychologiepraktikantinnen ist dafür farbenfroh dekoriert und verfügt über einen Schreibtisch an dem sich Psychologe und Kind gegenüber sitzen können. Jedoch ist es in dem Raum durch die fehlende Verglasung der Fenster sehr laut und zudem ziemlich dunkel und warm.

Die Untersuchungen mit den Schülern wurden unter Absprache der Schuldirektion während des Unterrichtes durchgeführt, der von Montag bis Freitag von 13-17.45 Uhr stattfindet. Vor Unterrichtsbeginn bekommen alle Schüler eine Zwischenmahlzeit gespendet (meistens ein Milch- oder Joghurtgetränk, ein Stück Obst und eine Süßigkeit), und der Unterricht beginnt mit einem gemeinsamen Gebet. Insgesamt legt die Schule großen Wert auf die religiöse Ausbildung der Schüler und Schülerinnen und dementsprechend werden verschiedene religiöse Aktivitäten durchgeführt; zu dem Zeitpunkt der Untersuchungen wurde von allen Schülern täglich auf dem Pausenhof der Rosenkranz gebetet. Alle Schüler müssen eine Schuluniform tragen und diejenigen, die sich diese nicht leisten können, bekommen pro Schulsemester ein- bis zwei Schuluniformen gespendet.

An dieser Stelle soll darauf hingewiesen werden, dass sich die Schule in einem sehr armen Viertel der Stadt Bucaramanga befindet und diese infolgedessen nur mit dem Nötigsten ausgestattet ist, da über wenige finanzielle Mittel verfügt werden. So trinken alle Kinder von den Trinkhähnen der Waschbecken (kein sauberes Trinkwasser!), da die Schule über keinen Trinkwasserspender disponiert; es gibt keine Turnhalle- oder Sportanlage (nur diejenigen Schulklassen erhalten Sportunterricht, deren Klassenlehrerin diesen selbst bezahlt!); keine Bibliothek und die Toiletten befinden sich in mittelmäßigem Zustand. Dadurch, dass die Klassenräume keine richtigen Fenster (Öffnungen in den Backsteinwänden) sowie Decken aus Zinn und nur Ventilatoren haben, ist es in diesen sehr laut und warm. Jedes Klassenzimmer verfügt über eine Tafel, ein Lehrerpult sowie mehrere Schülerpulte und ist mit Sprüchen und Kinderzeichnungen farbenreich dekoriert. Neben dem oben genannten Medienraum, in dem ein Laptop und ein Beamer stehen, gibt es einen Computerraum für den Informatikunterricht.

Stadtviertel

Die Vor- und Grundschule Institución Educativa INEM, San Pablo, Sede H befindet sich im Stadtviertel *Barrio Bucaramanga,* einem der ärmsten Viertel der Stadt Bucaramanga. Bucaramanga ist die Hauptstadt des Departments *Santander*, eines von 32 Departments in Kolumbien. Zudem ist der Autorin während der Zeit, an der diese an der Schule die Untersuchungen durchgeführt hat aufgefallen, dass die Lage der Schule durch eine herrschende Unsicherheit gekennzeichnet ist. Diese äußert sich u.a. durch Überfälle, Diebstahl, Banden, Vergewaltigungen, körperlicher und psychologischer Gewalt, Drogenabhängigkeit und einem erhöhten Alkoholkonsum. Beispielsweise ereignete sich in der Zeit vor dem Schuleingang ein heftiger Streit von dem die Schüler und die Lehrerinnen berichteten, bei dem angeblich einer der beiden Streitenden mit einem Messer von dem anderen getötet wurde.

Die Viertel Bucaramanga sowie *Juan XXIII* zeichnen sich neben der Gewalt durch eine erhöhte Armut aus, dementsprechend gehören die Einwohner den untersten sozialen Schichten an.

4.3 Verwendete Untersuchungsverfahren

Für die Exploration der psychosozialen Auswirkungen des desplazamiento in Kolumbien aus der subjektiven Sicht der betroffenen Kinder, bietet sich insgesamt ein qualitativ ausgerichtetes Forschungsdesign an, und zwar das einer explorativen und deskriptiven Felduntersuchung in dessen Rahmen Einzelfallanalysen vorgenommen werden.

Ursprünglich war ein noch stärker kombinierter Ansatz geplant gewesen (qualitativ und quantitativ), dieser hat sich jedoch aus methodenkritischen Aspekten nicht realisieren lassen.

Die Vorteile der Wahl eines qualitativen Ansatzes für den Untersuchungsgegenstand der vorliegenden Studie, ergeben sich u.a. aus seinem holistischen, explorativen, induktiven sowie den im Feld den Einzelfall und sein Erleben verstehenden und beschreibenden Anspruch. Als Datenerhebungsmethode bietet sich die sog. *qualitative Befragung* in Form eines *mündlichen Interviews* mit einem *weichen Interviewstil* an, da primär die subjektive Sichtweise der Untersuchungsteilnehmer (von Kindern!) interessiert, denen aber zur

Ermittlung der Informationen aufgrund der zu erwartenden Traumatisierung mit einer empathischen Befragungsart entgegengetreten werden muss (Bortz & Döring, 2009).

4.3.1 Halbstandardisierte Interviews

Als qualitative Befragungsart wurde das *halbstandardisierte Interview* gewählt, welches m.H. eines *selbstkonstruierten Interviewleitfadens* (vgl. Anhang) wegen der sensiblen Thematik persönlich im Einzelinterview alleine von der Forscherin durchgeführt wurde.

Durch die ermittelnde Funktion der Befragung wurde zur Unterstützung ein Leitfaden konstruiert, bei dem als Vorlage für die Formulierung kindgerechter Interviewfragen, in Kolumbien gängige angewandte Anamnesefragen zur Hand genommen wurden sowie die Frageposition versucht wurde zu berücksichtigen. Dementsprechend kann das Interview im weitesten Sinne als *Leitfadeninterview* kategorisiert werden, wobei durch die Art des Gegenstandes auch Elemente aus dem fokussierten und dem narrativen Interview wiederzufinden sind. Der Vorteil des Leitfadeninterviews ist, dass es ein Gerüst für die Datenerhebung und Datenanalyse liefert, welches im Nachhinein den Vergleich von Ergebnissen verschiedener Interviews ermöglicht und gleichzeitig ausreichend Spielraum für den Einbezug von spontan aus der Interviewsituation heraus entstehende Fragen und Themen lässt. Darüber hinaus erlaubt dies bei der Auswertung Themen herauszuarbeiten, die eingangs bei der Leitfadenkonzeption nicht antizipiert worden waren. Das *fokussierte* Interview möchte in erster Linie die Reaktion des Interviewten auf ein fokussiertes Objekt, in diesem Falle des desplazamiento erfassen; und das *narrative,* in diesem Zusammenhang, Erlebnissen und Episoden aus der Lebensgeschichte der niños desplazados ermitteln (Bortz & Döring, 2009).

Der angewandte *weiche Interviewstil* lässt sich durch eine betont empathische, entgegenkommende und emotional beteiligte Gesprächsführung charakterisieren (Rogers 1942, 1945; in Bortz & Döring, 2009).

4.3.2 Fragebogen zu den soziodemographischen Daten

Mit dem Ziel einer deskriptiven Analyse der Stichprobe wurde ein eigenständig entwickelter und standardisierter *Fragebogen zur Sozialstatistik* sowie dem desplazamiento im Einzelinterview mit der jeweiligen Bezugsperson des Kindes angewandt. Von besonderem Interesse war hierbei eine zutreffende Darstellung der Lebensbedingungen zu erhalten sowie im Hinblick darauf, dass die Hauptinterviews mit Kinder geführt wurden, die sich evtl. unter Umständen aufgrund ihres jungen Alters zum Zeitpunkt des desplazamiento nicht mehr an die Ereignisse erinnern könnten, die Absicherung und Einordnung der Erzählungen durch die von den erwachsenen Bezugspersonen erhaltenen Informationen.

Erfasst wurden zur Sozialstatistik: Name, Alter, Geschlecht, Schulklasse und Schulleistung, Datum der Einschulung an der Schule, Geburtstag- und Ort, Wohnort, Sozialschicht, Vorliegen von Ausweisdokumenten und der carta de desplazamiento, Zugehörigkeit zu einer Krankenversicherung, Krankheiten des Kindes, Religion, Art- und Ausstattung der Unterkunft, Ernährungszustand, Familienzusammensetzung (vor- und nach der Vertreibung), Alter, Name, Bildungsgrad und ausgeübter Beruf der Eltern, Anzahl der Geschwister, Verlust von Familienmitgliedern, Vorliegen von häuslicher Gewalt (verbaler, physischer, sexueller Missbrauch), Alkohol- und Drogenmissbrauch sowie Delinquenz.

Im Zusammenhang mit dem desplazamiento wurden die Erwachsenen zum Datum, Ort und Motiv der Vertreibung; dem Erleben von menschenrechtswidrigen Ereignissen, dem Verlust von Angehörigen, dem Ankunftsort, der Lebenssituation der Familie, erhaltener Hilfe vom Staat sowie dem Wunsch einer Rückkehr an den Herkunftsort befragt.

4.3.3 Weitere Verfahren

An dieser Stelle möchte die Autorin der Vollständigkeit halber erwähnen, dass neben der Durchführung der halbstandardisierten Interviews mit den Kindern sowie der Erhebung der soziodemographischen Daten im Gespräch mit den jeweiligen Bezugspersonen, eine Reihe projektiver Zeichnungen und eine für die spanischsprachige Bevölkerung adaptierte Version der *Child Behaviour Checklist for ages 6-18* (CBCL/6-18) von Achenbach (2001) angewandt wurden. Da die Integration der Zeichnungen in die vorliegende Studie den Rahmen dieser gesprengt hätte, wurden sie nicht integriert. Zum CBCL lässt sich anmerken, dass dieser aus Validitätsgründen von der Auswertung und Integration in die Studie ausgeschlossen wurde (Albores-Gallo, Lara-Muñoz, Esperón-Vargas, Cárdenas Zetina, Pérez Soriano, & Villanueva Colin, 2007).

Bei den projektiven Zeichnungen handelte es sich zum einen um eine spanische Übersetzung des *Le Test du Dessin de Famille* (Corman, 1967), die auch in Kolumbien üblicherweise zur Untersuchung von Kindern benutzt wird und zum anderen um eine explorative Gruppenaktivität, in der die Kinder gebeten wurden sowohl ihren Herkunftsort, als auch ihren aktuellen Lebensort und ihren Wunschlebensort auf einem einzigen Blatt Papier zu zeichnen, das zuvor in drei Abschnitte gefaltet worden war. Die Idee zur Entwicklung dieser Aktivität hatte die Autorin durch die Dissertation von Lozano Gómez (2009) bekommen, die ihre minderjährigen Untersuchungsteilnehmer zur Erforschung ihrer Gedanken, Gefühle und Erlebnisse im Kontext der Gewalt und der Vertreibung in Kolumbien zu ähnlichen Zeichnungen aufgefordert hatte (Lozano Gómez, 2009).

4.3.4 Freie Beobachtung

Dadurch, dass sich die Autorin während des Untersuchungszeitraumes längere Zeit *im Feld* aufgehalten hat, bot sich im Sinne der Erkundungsstudien die *offene teilnehmende Beobachtung* sowie *beobachtende Teilnahme* als ergänzende Methode an.

Ziel war neben einer Kontaktaufnahme zu den Kindern und deren Gewöhnung an die Anwesenheit der Forscherin (zum Entgegenwirken dadurch hervorgerufener reaktiver Muster); die Exploration des Feldes und besonders Aufmerksamkeit erregender Vorgänge (z.B. ein äußeres Erscheinungsbild, das auf Vernachlässigung oder extrem arme Verhältnisse deutet). Daneben war es der Autorin ein besonderes Anliegen evtl. anzutreffende Unterschiede im Verhalten der Kinder (Auftreten, auffälliges Verhalten) ihr gegenüber (im Einzelkontakt sowie in der Gruppensituation) und im natürlichen Schulumfeld (Verhalten im Klassenzimmer, auf dem Pausenhof etc.) zu erkennen. Die einzelnen Beobachtungen wurden in einem *Feldtagebuch* notiert (Bortz & Döring, 2009).

4.4 Untersuchungsverlauf und Durchführung

Bevor auf die einzelnen Schritte der Untersuchung eingegangen wird, seien vorab einige wichtige Dinge angemerkt. Zum einen gilt dem soziokulturellen Hintergrund und damit gleichzeitig dem emotionalen Hintergrund der Untersuchungsteilnehmer besonderer Beachtung: Es handelt sich um kolumbianische Binnenflüchtlinge, die aufgrund lebensbedrohlicher Umstände ihren Heimatort verlassen mussten und mit hoher Wahrscheinlichkeit verschiedene Traumata erfahren haben. Infolgedessen ist bei diesen Kindern u.a. damit zu rechnen, dass sie Probleme damit haben, jemandem fremden zu vertrauen und sich zu öffnen. Zudem wachsen sie in der Mehrzahl unter sehr armen Verhältnissen auf, was im Kontext der Untersuchungen dazu führen könnte, dass sie bspw. aufgrund von Hunger Konzentrationsschwierigkeiten haben. Zum anderen haben die Eltern der Kinder logischerweise ähnliche Erfahrungen gemacht und verfügen über einen niedrigen Bildungsgrad, welches beides die Beantwortung der Fragen ebenfalls beeinflusst.

Der Erhebungsort ist insgesamt als förderlich zu bewerten, da dieser einen grundsätzlich neutralen Ort darstellt, mit dem die Kinder größtenteils positive Erfahrungen verbinden (z.B.

positive Erfahrungen mit den Psychologiepraktikantinnen). Zudem hat die Schuldirektion das Forschungsvorhaben unterstützt und die Kinder auf Anfrage der Forscherin für die einzelnen Untersuchungen problemlos vom Unterricht freigestellt.

Alle Erhebungen erfolgten durch die Forscherin von Mai bis Juli 2011 an der Institución Educativa INEM, San Pablo, Sede H in Bucaramanga, Kolumbien. Entsprechend den Auswahlkriterien wurden letztlich für die komplette Untersuchung von den ursprünglich 18 Kindern nur 13 berücksichtigt. Die Auswertung des in Kolumbien erhobenen Materials wurde anschließend von derselben in Deutschland vorgenommen.

Um zunächst einmal den Kontakt mit den Kindern aufzubauen und sie an die Präsenz der Forscherin in ihrem Umfeld zu gewöhnen, wurde mit der *freien Beobachtung* sowohl im Unterricht, in den Schulpausen, als auch bei verschiedenen Aktivitäten (z.B. Beten des Rosenkranzes) begonnen; die Beobachtung (außer des Unterrichts) galt daneben während des gesamten Erhebungsprozesses als zusätzliche Informationsquelle. Die Kinder waren insgesamt kontaktfreudig, suchten die Nähe der Forscherin (begrüßten diese und erkundigten sich nach der nächsten Veranstaltung) und so wurde diese recht zügig im Feld *angenommen*.

Nach einiger Zeit wurde dann mit der schriftlichen Datenerhebung begonnen; dabei wurden die Erhebungen mit den Bezugspersonen parallel zu denen mit den Kindern durchgeführt.

Für die Ausfüllung der Fragebögen zu den **soziodemographischen Daten** und der Information zu dem **desplazamiento** sowie dem **CBCL** wurden m.H. eines von der Schuldirektion formulierten und unterzeichneten Formulars Termine vereinbart, die den Kindern mitgegeben wurden. Die Elterntermine, an denen jeweils beide Fragebögen durchgeführt wurden, fanden alle in dem Zimmer der Psychologiepraktikantinnen während der Schulzeit statt, und die Fragebögen wurden aufgrund des geringen Bildungsgrades der meisten Bezugspersonen von der Forscherin ausgefüllt.

Um eine vertrauensvolle Beziehung mit den Kindern aufzubauen wurde im Einzelkontakt zunächst einmal mit dem projektiven Test **Le Test du Dessin de Famille** (Corman, 1967) begonnen; auch dieser wurde im Zimmer der Psychologiepraktikantinnen durchgeführt. Insgesamt hatte die Forscherin den Eindruck, dass es eine gute Einführung in die Untersuchung war, da die Kindern dem Anschein nach Freude am Zeichnen hatten und alle gut mitarbeiteten sowie im Anschluss weiterhin den Kontakt zu dieser suchten, indem sie bspw. nach weiteren Aktivitäten fragten oder sie auf dem Pausenhof ansprachen etc.

Nachdem von allen Kindern Zeichnungen vorlagen, wurde ebenfalls im Einzelkontakt mit der Durchführung der **halbstandardisierten Interviews** weitergemacht. Dafür wurde zunächst mit einem 11-jährigen Mädchen, das aufgrund einer Naturkatastrophe (einer Schlammlawine) von ihrem Heimatort flüchten musste, ein Probeinterview zur Überprüfung des entwickelten Interviewleitfadens ausgeführt. Anhand dieses Interviews wurde der Interviewleitfaden sodann überarbeitet, wobei anzumerken ist, dass der Teil bzgl. des Gewaltaspektes der Vertreibung dementsprechend ungetestet blieb. Alle Interviews wurden im Medienraum mit dem Einverständnis der Kinder mit Hilfe der Funktion *Voice Memo* eines Iphones aufgenommen und anschließend vollständig und wörtlich transkribiert. Die Länge der Interviews betrug zwischen 14 und 26 Minuten, d.h. dass man zumindest bei den meisten Kindern eine kognitive Überanstrengung ausschließen kann.

Die Gruppenaktivität (Zeichnungen des Herkunftsortes, des aktuellen und des Wunschwohnortes) wurde mit der Unterstützung der Psychologiepraktikantin parallel zur Erhebung der Interviews gehalten; wobei die Aktivität aufgrund der Abwesenheit einiger Untersuchungsteilnehmer zu drei verschiedenen Zeitpunkten gehalten werden musste; die Psychologiepraktikantin war nur bei dem ersten Termin anwesend.

Zudem kam es bei zwei Kindern wegen schlechtem Benehmen auf Anfrage der Lehrerinnen zu Einzelkontakten. Zusätzlich fanden weitere Aktivitäten der Schule statt (z.B. *Tag der Familie* in der Kirche etc.), an denen die Forscherin gebeten wurde teilzunehmen, und die einen positiven Effekt auf den Verlauf des Forschungsprojektes hatten, da sie v.a. den Aufbau einer vertrauensvollen Beziehung zu den Kindern sowie eine Gewöhnung an die Anwesenheit der Forscherin förderten. Daneben kam es mit den einzelnen Lehrerinnen zu interessanten Gesprächen, die einen Einblick in die Erziehungsvorstellungen und die Schulkultur gaben sowie Informationen über die Kinder, ihre Familien und über das Stadtviertel. Die Gespräche entpuppten sich als eine ergänzende reichhaltige Informationsquelle, da einige der Lehrerinnen für viele der Untersuchungsteilnehmer als Vertrauensperson fungieren.

Zwei Kinder mussten gegen Ende der Erhebungen aussortiert werden, da sich erst im Elterngespräch herausstellte, dass diese das desplazamiento nicht selbst erlebt hatten. Diese wurden demzufolge im weiteren Verlauf der Erhebungen (Interviews) sowie den Auswertungen und Interpretation der Daten nicht mehr berücksichtigt.

Darüber hinaus wurden alle Erhebungen von der Forscherin persönlich auf der Muttersprache der Kinder durchgeführt (Spanisch). An den Stellen, wo zum Beispiel bzgl. spezieller sprachlicher Ausdrücke der Kinder (Slang) oder bspw. der Formulierung Unsicherheit bestand, wurden diese unter Einbezug nativer Informanten (Psychologiepraktikantinnen und Sozialarbeiterinnen, die Erfahrung mit der Arbeit mit solchen Bevölkerungsgruppen haben) geklärt.

4.5 Probleme bei der Durchführung

In Bezug auf die Erhebungen mit den *Erwachsenen* traten primär Probleme bzgl. ihrer anfänglichen Zusammen- bzw. *Mitarbeit* auf. Da die Schuldirektorin bei den Psychologiepraktikantinnen bereits die Erfahrung gemacht hatte, dass es diesbezüglich zu Schwierigkeiten kommen kann, unterstützte sie die Untersuchungen von Anfang an. Vor allem bei der Terminabsprache mit den Eltern (durch von ihr unterzeichnete Formulare und Telefonate mit den Bezugspersonen) stellte sich diese Unterstützung als grundlegend dar, da die Bezugspersonen ohne diese (autoritäre!) institutionelle Unterstützung höchstwahrscheinlich gar nicht zu den Terminen erschienen wären. Trotz dieser Unterstützung erschienen über die Hälfte nicht zu dem ersten vereinbarten Termin, sondern erst zu dem zweiten oder bei einem Fall sogar erst zum dritten Termin. Abgesehen davon waren die Eltern bzw. Großeltern im Einzelkontakt aber insgesamt sehr offen und hilfsbereit. Allerdings traten bei der *Anwendung der CBCL*, selbst bei Ausfüllung durch die Forscherin, enorme Schwierigkeiten auf, welches letztendlich zu dem Ausschluss des Verfahrens von der Untersuchung führte, weil die Aussagekraft der Ergebnisse in Zweifel gestellt werden musste (Validität). Dies lag primär daran, dass die Befragten die Fragen nicht gut verstanden und sich allem Anschein nach darüber hinaus oft nicht trauten nachzufragen, was genau mit dem jeweiligen Item gemeint war. Auf potenziell auftretende Schwierigkeiten bei der Anwendung komplizierter und den Probanden unvertrauter Befragungstechniken, wie bspw. die *multiple choice* Fragen des CBCL, haben verschiedene Autoren bereits hingewiesen (Stubbe, 2004; Poortinga, 1980; zitiert nach Stubbe, 2004).

Zu den Erhebungen mit den Kinder ist anzumerken, dass eine alleinige Datenerhebung, ohne Berücksichtigung gewisser Bedürfnisse der Kinder (z.B. dem Drang sich mitzuteilen oder Aufmerksamkeit zu bekommen) aufgrund ihres soziokulturellen Hintergrundes nicht realisierbar war und auch nicht dem Vorgehen der Forscherin entsprach, von der folglich eine gewisse Anpassungsfähigkeit an das Feld verlangt wurde (z.B. ein großes Maß an

Empathie, die Fähigkeit sich gewalttätige Erlebnisse anzuhören, sich abzugrenzen etc.). Zudem war der *Aufbau eines echten Vertrauensverhältnisses* zwischen der Forscherin und dem jeweiligen Untersuchungsteilnehmer, trotz einer grundsätzlichen Offenheit und Kontaktfreudigkeit dieser, gleichzeitig durch ihre Erfahrungen (Gewalt, häusliche Gewalt) mit viel Zeit, Geduld und Feinfühligkeit von Seiten der Forscherin verbunden. Dies wurde zusätzlich durch die Tatsache erschwert wurde, dass die Kinder die Forscherin zunächst als *Autoritätsperson* sahen und ihr anfangs teilweise mit Misstrauen entgegentraten; ein Punkt, der sicherlich von den auferlegten zusätzlichen Einzelkontakten negativ beeinflusst wurde. Dies führte dazu, dass sie sich zum einen nicht trauten von der oft anzutreffenden häuslichen Gewalt zu berichten (siehe *soziokulturelle Erwünschtheit* in Stubbe, 2004) und zum anderen bekam die Forscherin den Eindruck, dass die Kinder sich zunächst einmal daran gewöhnen mussten, dass sie sich für *ihre* subjektive Weltsicht interessierte (*courtesy bias*) (Jones, 1963; zitiert nach Stubbe, 2004). Das Greifen verschiedener *sozialer Prozesse* war auch daran gut erkennbar, dass sich die Kinder im Einzelkontakt anders verhielten (z.T. offener oder schüchterner) als in der Gruppensituation, und die Untersuchungsteilnehmer bei den anderen Schülern damit prahlten, dass sie an der Untersuchung teilnehmen durften und diese folglich auch mitmachen wollten.

Bei manchen der Kinder (v.a. bei den Jungen) waren zudem typische Symptome (Schwierigkeiten still zu sitzen, Konzentrationsschwierigkeiten) der Aufmerksamkeits-defizit-Hyperaktivitätsstörung (ADHS) zu erkennen, welches mit Sicherheit einen Einfluss auf die erhobenen Daten hatte.

Allgemeine Störfaktoren sind in dem hohen *Lärmpegel*, dem häufigen *Ausfall des Unterrichtes* und den (schlechten) *Wetterbedingungen* zu sehen. Der ständige Lärm erklärt sich durch die fehlende Verglasung der Fenster und der Gewohnheit, wegen der Hitze die Türen der Klassenzimmer offen zu lassen; dies erschwerte die Konzentration und das Verständnis sowohl der Kinder als auch der Forscherin während der Untersuchungen. Der häufige Schulausfall und die schlechten Wetterbedingungen (Platzregen) bedingten eine Verminderung der zur Verfügung stehenden Untersuchungstage. Des Weiteren war eine gänzlich *ungestörte Durchführung* der einzelnen Verfahren nicht zu realisieren, da die Kinder u.a. durch die Erfahrung mit den ehemaligen Psychologiepraktikantinnen daran gewöhnt waren *jederzeit zur Psychologin gehen zu dürfen.*

Abgesehen von den aufgezählten Problemen bei der Durchführung haben die Kinder insgesamt gut mitgearbeitet, und die Forscherin hatte den Eindruck, dass es ihnen Freude bereitet hat an dem Projekt mitzumachen.

Methodische Probleme

Neben den aufgeführten interkulturellen Aspekten sollen der Vollständigkeit halber einige allgemeine Störfaktoren kurz genannt werden, die mglw. die Untersuchung und die erhobenen Daten verzerrt haben könnten. Zu diesen Faktoren gehören der *Hawthorne-Effekt,* also der Gefahr einer Verzerrung der Daten dadurch, dass das Bewusstsein der Teilnehmer an einer Untersuchung beteiligt zu sein, ihr Verhalten verändern kann. Dieser Effekt könnte durch die Herkunft der Forscherin, und der ihr durch die Institution zugewiesenen Wichtigkeit, verstärkt worden sein (z.B. der Vorstellung der Forscherin in der Kirche im Rahmen einer Schulaktivität) (Bortz & Döring, 2009).

4.6 Auswertung

Qualitative Inhaltsanalyse

Für ein Verständnis der subjektiven Weltsicht der Probanden anhand der erhobenen Interviews, innerhalb der einzelfallorientierten Pilotstudie, eignete sich als Auswertungsmethode die *qualitative Inhaltsanalyse*:

> „Ziel der qualitativen Inhaltsanalyse ist es, die manifesten und latenten Inhalte des Materials in ihrem sozialen Kontext und Bedeutungsumfeld zu interpretieren, wobei vor allem die Perspektive der Akteure herausgearbeitet wird" (Bortz & Döring, 2009, S.329).

Denn laut Mayring, will *Inhaltsanalyse* systematisch, regelgeleitet und theoriegeleitet, fixierte Kommunikation analysieren, um Rückschlüsse auf bestimmte Aspekte der Kommunikation zu ziehen (Mayring, 2010).

In Vorbereitung auf die Durchführung der qualitativen Inhaltsanalyse wurden die aufgezeichneten Interviews zunächst einmal m. H. der Transkriptionssoftware f5 vollständig digital transkribiert und zu einem späteren Zeitpunkt für die Ergebnisdarstellung *anonymisiert* und *zusammengefasst.* Für den Ablauf der Analyse hat sich die Forscherin im weitesten Sinne an die qualitative Inhaltsanalyse nach Mayring gehalten (2010).

Nach der Transkription der Interviews wurden *Kategorien* und ein *Kategoriensystem* anhand der Fragen des eingesetzten Interviewleitfadens (also theoriegeleitet) festgelegt und definiert. Hierbei wurden 14 Hauptkategorien mit Subkategorien gebildet und in einem *Kodierleitfaden* (vgl. Anhang) festgehalten, der Kodierregeln mit Ankerbeispielen für die Analyse enthielt (*Kategorienexplikation*). Die Hauptkategorien lauteten: Trauma und Stressfaktoren; Verlusterfahrung; Erinnerungen und Emotionen im Zusammenhang des desplazamiento; Gefühle und Empfindungen; Ausgliederung; Entwurzelung; Kriegs-erfahrung; Familiendynamik; Schule; Lebensqualität; Erfahrungen; Wünsche; Rückkehr sowie Glück und Unglück. Im nächsten Schritt wurden zur Zuordnung von Textteilen zu Kategorien (*Kodierung*) anhand der Einteilung des Interviewleitfadens sog. *Analyseeinheiten* festgelegt und im Text markiert. Die bei der Kodierung verfolgte Analysetechnik entspricht am ehesten einer *inhaltlichen Strukturierung*; diese möchte bestimmte Themen, Inhalte und Aspekte aus dem Material herausfiltern (und zusammenfassen) (vgl. Bortz & Döring, 2009; Mayring, 2010).

Mit Hilfe des entwickelten Kodierleitfadens wurde sodann erstmal eine Probekodierung vorgenommen, bei der sich aus dem Material heraus (induktiv) noch zwei weitere Hauptkategorien bilden ließen: Bindung und Symbolik. Und sich darüber hinaus bestehende Hauptkategorien in weitere Unterkategorien ausdifferenzieren bzw. ergänzen ließen: Gefühle und Empfindungen um eine Gefühlsabstumpfung bzw. emotionale Taubheit; Entwurzelung um ein *wiederholtes desplazamiento*; bei der Familiendynamik der Verlust Nahestehender und der Hinweis auf eine Vernachlässigung und bei der Lebensqualität um den Verlust vieler Familienmitglieder. Dementsprechend wurde das Kategoriensystem um diese zwei Kategorien erweitert und anschließend anhand des überarbeiteten Kodierleitfadens die Kodierung der 13 transkribierten Interviews von der Forscherin durchgenommen. Hierbei wurden bei jedem Interview die Analyseeinheiten den Kategorien zugeordnet und ausgezählt sowie treffende Aussagen aus dem Material extrahiert und notiert. Die in der folgenden Ergebnispräsentation aufgelistete Auswahl von Zitaten wurde auf diese Weise vorgenommen.

Da eine konsensuelle Validierung in Bezug auf die Kodierung und damit der Gültigkeit der vorgenommenen Interpretation der Forscherin im Rahmen der vorliegenden Studie nicht realisierbar war (u.a. aus sprachlichen Gründen), war die Forscherin darum bemüht ein großes Maß an *Transparenz* bei dem Interpretationsvorgang zu verwirklichen (z.B. ausgearbeiteter Kodierleitfaden).

5 Darstellung der Ergebnisse

5.1 Erinnerungen und Emotionen im Zusammenhang mit dem desplazamiento

Dieser Kategorie wurden alle von den Kindern geäußerten *Erinnerungen oder Emotionen* im Zusammenhang mit dem desplazamiento zugeordnet. Hierbei wurden auch diejenigen Erzählungen berücksichtigt, welche die Kinder in Einzelfällen von ihren Eltern berichtet bekommen hatten.

Alle befragten Kinder, außer Cristina, erinnern sich an ihren Herkunftsort und an die Zeit vor dem desplazamiento; wobei Jaime behauptet, dass er sich selbst nicht daran erinnere, aber seine Mutter ihm davon erzählt habe. Insgesamt lässt sich aus den Erzählungen der Kinder ableiten, dass diese *kaum direkten Kontakt mit bewaffneten Akteuren* hatten und recht distanziert von stark belastenden Ereignissen berichten. So erzählt Enrique beispielsweise:

> *„A veces llegaba..pero por allí..a veces..sí, en las montañas estaba..y a veces llegaba el ejército ... A veces venían allí como a donde mi nona ... a veces decían que les vendiera gallinas."*

Dass die *Guerilla* „manchmal..aber nur manchmal" gekommen sei, sich aber in den Bergen aufgehalten habe und das *Ejército* manchmal auch gekommen sei. Er selbst habe die Guerilla aber nicht gesehen, nur das Ejército. Diese seien von Zeit zu Zeit zur Finca seiner Großmutter gekommen, um Hühner zu kaufen (dies erzählt er besorgt), aber hätten nicht mit ihm gesprochen. Auf die Frage, wie er sich gefühlt habe, wenn diese gekommen seien, antwortet er „gut", wobei er einen unsicheren Ton in seiner Stimme hat. Auch Felipe und Inés berichten, dass die *guerrilleros* (Guerillakämpfer) oder die *soldados* (Soldaten) von Zeit zu Zeit bei ihnen zu Hause gewesen seien, um bspw. nach Töpfen zu fragen oder Fisch zu kaufen; sie diese aber sonst nicht gesehen hätten. Inés fügt dem aber hinzu, dass sie einmal am Bach auch Blut gesehen habe, weil angeblich ein Soldat umgebracht worden sei.

Manche der befragten Kinder haben aber auch nichts von den Ereignissen in ihrer Umwelt mitbekommen (Kevin) oder haben, wie Gustavo, davon nur erzählt bekommen:

> *„... Mi abuelita me contaba..que había esto ... soldad'o y todo eso..que la calle era pa'disfrazados porque habían..esto soldados por allí."*

Seine Großmutter habe ihm erzählt, dass es „Soldaten und all das gebe; dass die Straße voller Verkleideter wäre", weil es dort sehr viele Soldaten gegeben habe.

Die Erzählungen von Ana sind persönlicher, schon aus dem Grund, dass ihr Vater angeblich als *parraco* (Soldat im Paramilitär) gearbeitet habe und deshalb umgebracht worden sei. Sie erzählt, dass sie wenig persönlichen Kontakt zu den *parracos* (Soldaten im Paramilitär) und guerrilleros gehabt habe, aber wenn diese mit ihr gesprochen hätten, dann habe sie „Lust gehabt sie zu töten" („Con ganas de matarlos ... "). Dies sei aber erst so gewesen, nachdem diese ihren Vater umgebracht hätten. Sie habe vorher nicht gewusst, dass ihr Vater auch „einer von ihnen" gewesen sei. Allerdings habe sie angefangen es zu vermuten, als ihr Vater plötzlich angefangen habe, sich wie diese zu kleiden (schwarze Hose, schwarzer Rucksack; die parracos und guerrilleros hätten schwarze Kleidung getragen). Zudem habe der Vater in der Zeit genügend Geld gehabt, um die Familie zu versorgen und da sie seine Lieblingstochter gewesen sei, habe er sie in der Zeit sehr verwöhnt.

Von der Flucht selbst berichten nur wenige (Felipe, die Brüder Lorenzo und Hugo). Hugo erzählt, dass sie (seine Mutter und seine Geschwister) in einer *buseta*, einem kleinen Bus, hergekommen seien und alles gut verlaufen sei. Sein Vater sei schon in Bucaramanga gewesen, um zu arbeiten. Er sei traurig gewesen, weil er gerne *dort* geblieben wäre.

5.1.1 Grund für das desplazamiento

Als Grund für die Flucht benennen die Kinder zum einen die gewaltvolle Präsenz von und Bedrohung durch verschiedene bewaffnete Gruppierungen, d.h. im weitesten Sinne den conflicto armado (Diego, Kevin, Brian, Ana).

So erklärt Ana, dass „die" vielleicht die Familie des Vaters suchten, um diese ebenfalls zu töten. Zudem *„se estaba volviendo muy terrible eso"*, die Situation sei durch die Anwesenheit der parracos und guerrilleros furchtbar geworden und es hätte gut möglich sein können, dass ihre Brüder „dafür" rekrutiert worden wären:

> *„Porque de pronto por allá por la muerte de mi papá buscaban también a la familia pa matarla..nostros nos venimos porque allí se estaba volviendo muy terrible eso ... "*

Die Erzählungen der Kinder haben tendenziell einen beschreibenden Charakter, d.h. die Kinder scheinen sich nicht tiefgehend mit ihren Erlebnissen auseinanderzusetzen:

> *" ... es que nosotros nos venimos porque, es que había mucha..estaban matando mucha gente..a mi a mi papá casi lo matan..a un tío mío lo mataron. Y,y,y esto..a donde vivíamos nos estaban amenazando y todo eso ... "*

Brian berichtet, dass sie hergekommen seien, weil „die" viele Menschen getötet hätten, sein Vater beinahe umgebracht und sein Onkel tatsächlich getötet worden sei. Zudem seien sie bedroht worden. Kevin erklärt, dass sein Vater von ein paar Männern (*„unos señores"*) bedroht worden sei. Er habe diese Männer nie gesehen und wisse auch nicht, wer sie seien. Sein Vater habe ihm schlichtweg gesagt, dass er bedroht worden sei und sie von *dort* weg gehen müssten. Er sei damals drei Jahre alt gewesen und erinnere sich daran.

> *„Porque a mi papá lo amenazaron. ... Uno..unos señores. ... Mi papá dijo que lo habían amenazado. ... y que..que nosotros nos teníamos que ir de acá."*

Eine Konsequenz des bewaffneten Konfliktes ist die Tatsache, dass die Lehrer die besetzten Dörfer verlassen, die Schulen geschlossen werden und die Kinder folglich keine Schulbildung genießen können; ein Grund, den bspw. Felipe und Inés für den Ortswechsel nennen:

> *„ ... porque..mi hermano allá no podía estudiar más. Y porque me iban a poner a estudiar a mí."* (Felipe)

Einige der Kinder scheinen den wahren Grund der Vertreibung nicht zu kennen (z.B. Martha) oder geben unspezifische Gründe an, z.B. dass sie aus ihrem Haus „rausgeschmissen" worden seien (Gustavo) bzw. ist ihnen der tatsächliche Grund nicht bewusst, wie die Erzählung von Lorenzo offenbart. Er nennt den wahren Grund erst zu einem späteren Zeitpunkt der Erzählung in einem anderen Kontext: Zunächst erklärt er, dass „der Mann" (anscheinend der Vermieter) sie nicht *dort* habe wohnen lassen (*„El señor..no nos dejó vivir allí"),* später meint er, dass sein Vater von Santa Rosa weggewollt habe, weil es dort viel Gefahr gegeben habe (*„ ... mi papá quería estar allá porque en Santa Rosa había mucho peligro").*

5.2 Trauma und Stressreaktionen

Dieser Kategorie wurden alle von den Kindern berichteten potenziell traumatischen Ereignisse zugeordnet, die sie im Kontext des desplazamiento erlebt haben und die in hohem Maße Stress auslösen können.

Zum einen ist hier die *Ermordung von Nahestehenden* zu nennen. Zum Beispiel der Tod von Brians Onkel oder der Mord an dem Vater von Ana:

> *„ ... Pues yo no vi pero sí estuve en el entierro y todo eso. Mi mami no se dio cuenta, ella tenía unas fotos cuando lo mataron...a todos los que fueron allíi...mera sangre y todos ... Yo*

estaba en la escuela..y yo llegué y encontré a mi mamá llorando y era porque mi papá se había muerto..lo habian matado." (Ana)

Ana habe den Mord an ihrem Vater nicht gesehen, aber Fotos von dem Mord, die ihre Mutter versteckt hatte (*„mera sangre"*, ein reines Blutbad) und an der Beerdigung teilgenommen. Am Todestag ihres Vaters sei sie nach der Schule nach Hause gekommen und habe ihre Mutter weinend vorgefunden. Sie sei zu dem Zeitpunkt sechs Jahre alt gewesen und erinnere sich daran, dass sie sich schlecht gefühlt habe, weil sie ihren Vater „sehr geliebt habe". Zum anderen wird von der *Tötung von Gemeindemitgliedern* (Diego) oder von *Bekannten* (Felipe) berichtet:

> *„ ... Recogimos todo..y recogimos un día todo, y el otro día nos vinimos. Y en un, en una lechera..que nos llevaba..que al señor también lo mataron. ... los guerrilleros creo. Lo mataron porque..esto..dijeron que se pus..que se puso de sapo..a decir que por allí los, los veía a los soldados y yo creo que los guerrilleros estaban por allí cerquita para escucharlo..y y un día iba..sólo en el camión y lo cogieron y lo mataron." (Felipe)*

Im Zusammenhang mit ihrer Flucht erzählt er von „dem Milchmann", der umgebracht worden sei. Er glaubt, dass die Guerillakämpfer diesen getötet hätten, weil er sie an die Soldaten verraten habe *(„..que se puso de sapo..")*. Dies sei aber an einem anderen Tag gewesen, nicht an dem Tag, an dem sie mit dem Milchwagen geflüchtet seien.

Darüber hinaus berichten die Kinder von *bewaffneten Auseinandersetzungen* (Inés, Jaime, Lorenzo), *Bombardierungen* (Jaime, Inés) und *Gewalttaten* (Lorenzo, Jaime).

Inés berichtet von einer bewaffneten Auseinandersetzung an einem Bach zwischen der Guerilla und den Soldaten:

> *„Cuando yo estaba viviendo allá..se agarró la..o sea, en una quebrada al lado de Uribe se agarró la guerrilla con los soldados a plomo."*

Lorenzo schildert, dass es „permanent Krieg" gegeben habe (*„..¡a toda hora era guerra!"*) und man „noch nicht einmal eine Hand habe annähern können", weil sie diese „entfernten" (*„..Y usted no podía ni asomar un una mano, ¡porque se la quitaban!")*. Die parracos hätten sich „mit so etwas" verdeckt, Hüte getragen und angefangen, mit Maschinengewehren, Pistolen und Gewehren auf die Soldaten zu schießen. Er habe sich traurig gefühlt, als er das gesehen habe, weil sie sich „untereinander umgebracht" hätten (*„ ... se estaban matando unos a ellos ... Entre los dos..entre todos."*). Auch Jaime erzählt, dass als sie in San Díaz gewesen seien, ein Hund angefangen habe zu bellen, alle davongeeilt seien und geschrien hätten: „die Guerilla!“. Seine Mutter habe gehört und gesehen, wie *sie* den Personen die Zunge herausschnitten, die nicht verrieten wo *sie* seien („Das Ejército, äh nein. Die parracos“).

Inés schildert, wie sie eines Tages mit ihren Geschwistern und einer Freundin, auf der Finca gewesen sei und gegen ein oder zwei Uhr morgens von einem Moment auf den anderen ein „Kriegsflugzeug“ „ganz tief, ganz tief, ganz tief“ vorbeigeflogen sei. Es habe sich angefühlt, als ob das Haus über ihnen zusammenfiele, also sie seien rausgegangen, um zu sehen was los sei. Dann hätten „Kriegsflugzeuge“ angefangen Bomben zu werfen, und die *anderen* hätten „so geworfen“ und die *anderen* seien runtergeflogen und es habe so ausgehen, als ob es der Weltuntergang sei. Sie habe sehr viel Angst gehabt und habe kaum laufen oder gehen können, weil ihre Beine so gezittert hätten; ihr ganzer Körper gezittert habe. Ihr sei aber nichts zugestoßen. Sie sei damals neun Jahre alt gewesen.

> *„ ... o sea, ya allá en la finca ¿allá dónde están mis papás? Estábamos esto..mi hermano, mis dos hermanas, una amiga que se llama Natalia yy..mi persona, estábamos allá..y entonces, esto..de un momento a otro como a las una o dos de la mañana..eeeh empezó a digamos ..esto, pasó un avión de guerra bajito, bajito, bajito y parecía como si se viniera a caer encima de la casa. Entonces nosotros salimos a ver..y entonces, empezaron..aviones de guerra..o sea, así a tirar bombas y otros tiraban así..así. Y los otros bajaban..y eso parecía como si fuera el fin del mundo. Y eso se venían como bombas así al frente de la casa uuuuuuuu y después se caían ..¡pshhh!.. (¿Y cómo te sentiste?) Hm..asustada! No podía ni correr, ni ni casí caminar las piernas me temblaban...todo el cuerpo me temblaba. (Y..¿pero a ti te paso algo?) No..gracias a Dios no nos.. pasó nada.“* (Inés)

Auch die Bedrohung von Familienmitgliedern (z.B. Kevin, Brian) kann für die Kinder traumatisch sein.

5.3 Verlusterfahrungen

In dieser Kategorie geht die Autorin der Frage, ob die Kinder im Zusammenhang mit dem desplazamiento Verluste erleben, d.h. ob sie subjektiv das Gefühl haben, Menschen oder Objekte verloren zu haben, zu denen sie einen emotionalen Bezug hatten und ob *Trauerreaktionen* zu erkennen sind. Fast alle der befragten Kinder haben das Gefühl jemanden oder etwas verloren zu haben bzw. zu vermissen, wobei es Unterschiede bzgl. des Verlustobjektes gibt.

An erster Stelle sei der *Tod* oder die *Trennung* von *Familienmitgliedern* genannt. Entsprechend wünscht sich Ana, dass ihr Vater am Leben sei (*„Qué mi papá estuviera vivo..“*) und auch Brian erzählt, dass das Schlimmste, das ihm jeweils widerfahren sei, der Tod seines Onkels sei. Aber auch die Trennung von ihren Familienmitgliedern erleben die Kinder als Verluste: So erzählt Inés, die von ihrer Familie getrennt ist, dass sie von ihrem Herkunftsort am meisten ihre Eltern und ihre Geschwister vermisse und sie (deshalb) gerne zurückkehren würde. In ähnlicher Weise berichtet Jaime davon, dass seine Großmutter bzw. „alle“ nach dem Einzug der bewaffneten Gruppierungen woanders hingegangen seien als seine Eltern und er selbst. Lorenzo vermisst von seinem Herkunftsort am meisten seine Großeltern sowie seine Verwandten (*... ¡a mi nono, a mi nona!Mm a mi tío...a muchos parientes mios.*) Daneben hat Hugo das Gefühl, seine *Freunde* verloren zu haben und vermisst diese.

Inés vermisst ihr ehemaliges Haus und auch Hugo erzählt, dass einige Männer schon in ihrem Haus gewohnt hätten, als sie zurückgekehrt seien (*„Cuando nosotros volvimos a ir con mi mamá..ya estaban viviendo señores allá ...*) und ihn das traurig gemacht habe.

Darüber hinaus vermissen einige Kinder *(Haus-)Tiere* und ihr früheres *Umfeld.* Diego sehnt sich am meisten nach einem Papageien (*Encho*), der manchmal seinen Namen oder den der Großmutter gesagt habe *(„ ... un loro..Sí, él hablaba, a veces me decía mi nombre o el de mi abuela..“*), und Inés vermisst am meisten einen Armeisenbär, den sie gerngehabt habe. An dem Tag, an dem sie erfahren habe, dass er gestorben sei, habe sie geweint; das sei „schrecklich“ gewesen und sie sei „sehr traurig“ gewesen (*„ ... He..he perdido..eh a un osito hormiguero que n no sé. Me gustaba (traurig). ... Y el día en que yo supe que se me había muerto...terrible. Uy ¡no! Yo me puse a llorar. (¿Y eso fue acá o allá?) No.. allá donde están mis papás.“*). Am meisten vermisst Felipe von seinem Herkunftsort *„Ee..las vacas. La tranquilidad. El río..“* die Kühe, die Ruhe und den Fluss; er sei traurig gewesen als sie hergekommen seien, „weil man sich ans Ländliche“ gewöhnt hatte (*„Me sentí como triste porque..uno se había acostumbrado al campo.“).* Die Antwort von Kevin auf die Frage, was er am meisten von seinem Herkunftsort vermisse fasst diesen Aspekt auf prägnante Art und Weise zusammen:

> *„El lugar donde yo vivía.“* – „Den Ort, an dem ich gewohnt habe.“

5.4 Gefühle und Empfindungen

Unter diese Kategorie wurden im weitesten Sinne die Antworten der Kinder auf die Fragen „Wie fühlst Du Dich?“ und „Wie hast Du Dich in letzter Zeit gefühlt?“ zusammengefasst sowie Hinweise auf ihre emotionale Verfassung aus anderen Teilen des Interviews aufgegriffen.

Bevor auf die einzelnen Antworten eingegangen wird, soll vorab angemerkt werden, dass die Autorin allgemein den Eindruck hatte, dass die interviewten Kinder „automatisch“ antworteten, d.h. sich nicht bewusst mit der Frage auseinandersetzten. Dies schloss sie daraus, dass die Kinder oft zu einem späteren Zeitpunkt des Interviews „aufbrachen“ und bspw. ihre Sorgen teilten.

Nur zwei Kinder schildern, dass sie sich *schlecht* fühlen (Ana und Hugo); wobei Ana dies erst zu einem späteren Zeitpunkt des Interviews tut. Exemplarisch sei die Erklärung von Ana angeführt:

> *„Mal. Porque yo no sé..yo siento que a mí todo lo malo me pasa a mí... Se muere mi papá, mi sobrina, mi hermano en la correccional..mi hermano casi se quita un dedo..trabajando. Mi mamá sin trabajo..“* (Ana)

Auf die Frage wie es ihr gehe, antwortet Ana zunächst, dass es ihr gut gehe. Wenn es ihr nicht so gut gehe, dann liege das daran, dass sie sich um ihre Mutter Sorgen mache, weil diese gerade nicht arbeite und Geld benötige, um zu essen. Später erzählt sie, dass es ihr manchmal schlecht gehe, *„de vez en cuando me siento mal“*; gegen Ende des Interviews kommt sie anscheinend selbst zu dem Schluss, dass es ihr schlecht geht. Sie erzählt, dass sie das Gefühl habe, dass alles Schlechte ihr widerfahre. Inés sagt zwar, dass es ihr gut (*„bien“*) gehe, allerdings mit einem traurigen Unterton, der ihren wahren Gemütszustand verrät, welcher sich im Laufe des Interviews auch deutlich zeigt.

Von einem *mittelmäßigem Befinden* berichten Diego (*„Medio medio..Regular.“*) und Felipe (*„Más o menos..a veces, cuando comienza a llover me da miedo por la casa que se venga“*). Zudem zeigt sich im Verlauf des Interviews, dass Felipe im Zusammenhang mit der unsicheren Lage seiner Unterkunft oft starke Angst empfindet:

> *„... de lo que me da miedo más, es cuando..me da miedo que se venga la casa.“*

Gut (*„Bien“*) geht es Cristina, Martha, Jaime und Enrique (*„Bien. ... Normal.“);* wobei Jaime erzählt, dass er manchmal Angst davor habe rauszugehen (*„A veces, con miedo.*

Porquee..a veces, me da miedo salir porque cuando hay peleas..pues yo he visto una pelea pero que casiiito se agarran.“). Brian, Gustavo und Kevin meinen, dass es ihnen gut gehe und sie glücklich seien (*„Feliz“*), wobei Kevin meint, dass er Angst vor der Dunkelheit und der Nacht habe. Lorenzo betont, dass es ihm gut gehe und er sehr glücklich sei, obwohl er an einer Stelle erwähnt, dass er manchmal traurig sei, weil ein Dieb in der Nähe seines Hauses herumlungere:

> *„ ... ¡mm bien! Tengo escoltas y ya. ... ¡Feliz! ... y a veces triste porque aquí pasa un, pasa un sapuca. ... ¡Uno de esos señores que roban! (¿Tienes alguna otra cosa que quisieras contarme acerca de ti?) Que soy muy feliz.“*

Eine Subkategorie, die induktiv gewonnen wurde, ist die der *Gefühlsabstumpfung und emotionalen Taubheit.* Diese emotionale Abflachung ließ sich u.a. bei den Antworten auf die Frage nach den besten bzw. schlimmsten Erfahrungen der Kinder erkennen. Das Beste, das Cristina jemals passiert ist, *„ninguna*“ („keine“) und das Schlimmste *„tampoco*“, („auch nicht“), Diego beantwortet beide Fragen mit *„nada“* („nichts“) und auch Kevin ist jemals weder etwas besonders Gutes noch Schlechtes passiert. Hugo mache *„nada“* (nichts) traurig noch glücklich und Gustavo weiß nicht, was ihn glücklich mache und darüber hinaus mache ihm nichts Angst (*„A mí nada.“*).

5.5 Glück und Unglück

In diesem Zusammenhang hat sich die Forscherin auch dafür interessiert, was diese Kinder glücklich bzw. was sie unglücklich macht.

Kind	Was macht Dich glücklich?	Was macht Dich traurig?
Ana	„Ver a mi mami contenta..a mis hermanos..que no peleen..que no sean groseros..que me dejen quieta..“ Glücklich mache es sie, ihre Mutter und ihre Brüder glücklich zu sehen, dass sie sich nicht streiten und nicht unhöflich seien und dass diese sie in Ruhe ließen.	„Ver a mi mami triste..o a mis hermanos..a mi familia peleando..eso no me gusta“ Traurig mache es sie, ihre Mutter oder ihre Brüder traurig zu sehen oder wenn sich ihre Familie streite.
Brian	„Ah..nada..y todo me hace sent..feliz..estar feliz. Estar con mis papás, ver televisión..y jugar con mi hermana.“ Glücklich mache ihn „nichts und alles“; es mache ihn glücklich, mit seinen Eltern zusammen zu sein, Fernsehen zu schauen und mit seiner Schwester zu spielen.	„Mm..cuando me castigan.“ Traurig mache es ihn, wenn er bestraft werde.
Cristina	„Cuando no pega..“ Glücklich mache es sie, wenn sie nicht geschlagen werde.	„Porque se regañan y todo.“ Traurig mache es sie, „weil sie sich ausschimpfen und alles“.
Diego	„Qu'a uno lo traten bien.“ Es mache ihn glücklich, wenn man gut behandelt werde.	„No qu'a mi hermana se le murió el niño..“ Traurig mache es ihn, dass das Kind seiner Schwester gestorben sei (...).
Enrique	„..Estar aprendiendo acá, mi mamá..mi mi familia.“ Glücklich mache ihn, dass er hier lerne (...) seine Mutter und seine Familie.	„Que mi mamá esté enferma, o mis hermanos...“ Traurig mache es ihn, wenn seine Mutter krank sei oder seine Geschwister.
Felipe	„Eh..que mis papás no peleen, eh....pasarla los cuatro bien..así.“ Glücklich mache ihn, „dass meine Eltern sich nicht streiten und wenn wir zu viert Spaß haben“.	„Triste eeh cuando mis papas pelean. O cuando comienzo a pelear con mi hermano.. sí así.“ Traurig mache es ihn wenn seine Eltern sich stritten oder wenn er sich mit seinem Bruder streite.
Gustavo	„Mm..no se.“ Er wisse nicht, was ihn glücklich mache.	„Que pelean. ¡Porque pelean!“ Traurig mache es ihn, dass gestritten werde, „weil gestritten wird!“.

Hugo	„Nada." Es gebe nichts, das ihn glücklich mache.	„Nada." Und nichts, dass ihn traurig mache.
Inés	„¿No sé? Em estaaar acá en mi escuela y y..¿allá con mii nona..?" Glücklich mache es sie „hier an meiner Schule" zu sein und „dort" mit ihrer Großmutter (?) zu sein.	„Cuando alguna persona está..no sé..un familiar o de mis amigos eso..se ponen enfermas o falta sol." Traurig mache es sie, wenn ein Verwandter oder einer ihrer Freunde krank sei oder wenn die Sonne nicht scheine.
Jaime	„..cuando juego, cuando estoy con mi mamá, cuando vamos a jugar a las canchas." Glücklich mache es ihn, wenn er spiele, wenn er zusammen mit seiner Mutter sei und wenn sie auf die Sportplätze spielen gingen.	„A mí..lo más terrible es..a mí no me gusta que me regañen..luego me siento triste." Traurig mache es ihn bzw. „das Schrecklichste" sei, wenn er ausgeschimpft werde, dann fühle er sich traurig.
Kevin	„E que..jugar al escondite, al ponchao..yyy ir al parque." Glücklich mache es ihn, Verstecken oder Fangen zu spielen und in den Park zu gehen.	„Que no me lleven..y que..no me lleven al parque que..y que no me que no a veces dejen no me dejan jugar." Traurig mache es ihn, wenn sie ihn nicht mit in den Park nehmen würden und, dass sie ihn gelegentlich nicht spielen ließen (weil er bestraft sei).
Lorenzo	„Que mi familia está reunida." Glücklich mache es ihn, wenn seine Familie versammelt sei.	„Que me pegan, los chinos y me sacan la rabia." Traurig mache es ihn, wenn die Jungs ihn schlügen und ihn rasend machten.
Martha	„Mi mamá y mi papá." Glücklich machen sie ihre Mutter und ihr Vater.	„Mm..las malas cosas que..le dan por allí una queja..y se pone..brava..." Traurig würden sie „schlechte Sachen" machen, z.B. „wenn man eine Beschwerde bekommt und (sie) böse wird".

Tabelle 14 Glück und Unglück

Die Antworten der Kinder weisen deutlich auf die Bedeutung hin, welche die *(Kern-)Familie* für diese Kinder besitzt. Die Motive, die von den Kindern genannt werden lassen darüber hinaus primär Themen der *Harmonie* und einem *guten Umgang* bzw. „einem guten Miteinander" erkennen. Demzufolge tauchen Gründe wie Streit, Strafe, Gewalt und Krankheit auf, die zudem auf eine Angst vor Verlusten hinweisen könnten. Des Weiteren ist anzumerken, dass die Kinder oft Negationen anwenden, so macht es Cristina z.B. glücklich „nicht geschlagen“ zu werden, und nicht „ein gutes Miteinander“. Weitere Motive für das Glück der Kinder sind die Schule und das Spiel; allerdings kann man bei Gustavo und Hugo, die „nichts“ glücklich mache, auch eine gewisse emotionale Abstumpfung erkennen.

5.6 Familiendynamik

Dieser Kategorie wurden alle Aspekte der Familiendynamik zugeordnet, wobei der Fokus auf den *negativen Auswirkungen* im Zuge des desplazamiento lag.

5.6.1 Veränderung der Rollen

Manche der Kinder verbringen relativ viel *Zeit alleine zu Hause*, d.h. ohne die Aufsicht durch einen Erwachsenen, während ihre Eltern arbeiten (Brian, Lorenzo, Cristina). Dies führt u.a. dazu, dass die älteren auf ihre jüngeren Geschwister aufpassen müssen, wie das z..B. Cristina darstellt:

> *„A veces ... mi mamá está allí.. y a veces, se iba p'al trabajo. Porque a veces, mi abuela se va... y nos dejan allí solas..yo y mi hermana..y mi otra hermana.“*

Manchmal werde sie mit ihren Schwestern alleine gelassen, wenn ihre Mutter arbeiten gehe oder ihre Großmutter fort gehe und dann müsse sie auf ihre jüngeren Schwestern aufpassen. Dies gefalle ihr nicht, weil ihre Schwestern sie dann schubsten oder schlügen und sie schlüge dann auch zurück usw. Eine noch stärkere *Rollenveränderung* ist bei Inés zu erkennen, die zusammen mit ihrer Großmutter wohnt und anscheinend den Haushalt führt. Dies scheint ihr zu missfallen, wie der folgende Kommentar verdeutlicht:

> *„Porque en la escuela uno no tiene digamos, tanto oficio por que hacer.“* –
>
> „In der Schule habe ich nicht so viel Hausarbeit zu erledigen.“

5.6.2 Häusliche Gewalt

Ungefähr die Hälfte der Kinder erzählen, dass sie zu Hause geschlagen wurden (Kevin, Brian, Diego, Gustavo, Lorenzo). Allerdings schildern sie dies in der Mehrzahl nicht im Zusammenhang mit der darauf abzielenden Frage („Kommt es zu Streitigkeiten, Schreiereien, Schlägen?“), sondern in Bezug auf die Frage was passiere, wenn sie in Schwierigkeiten kommen oder ob sie bestraft werden. Zum Beispiel meint Kevin, dass manchmal geschrien werde, es aber keine Streitigkeiten und Schläge gebe. Allerdings antwortet er auf die Frage was passiere, wenn er sich schlecht benehme, dass sein Vater ihn schlage („*Me pega mi papá.*“) und die Nachfrage, ob es ihm weh tue, bejaht er („*Se..*“). In Übereinstimmung mit der Beobachtung, dass einige der Kinder diese Frage indirekt beantworten, berichtet Kevin im Zusammenhang mit der Frage, was ihm am Stadtviertel am wenigstens gefalle, dass er geschlagen werde: „*Que me peguen.*“ Das Ausmaß der körperlichen Gewalt, die diese Kinder erfahren, kann man an den Aussagen von Brian und Diego gut erkennen:

> „*(¿Te pegan?) Sí. A veces..a veces. (¿Fuerte?) Sí. (¿Qué tan fuerte?) Mm..con la correa. (¿Te queda marcada?) Sí, a veces. (¿Te duele?) Síií.*“ (Brian)

Brian werde manchmal mit einem Ledergürtel geschlagen. Dies tue ihm weh und ab und an würden sichtbare Spuren davon hinterbleiben. Auch Brian ist der Meinung, dass er sich mit seinen Eltern und seinen Geschwistern gut verstehe und es ab und an zu Streitereien käme, aber nur geschrien werde, nicht geschlagen – Diego erzählt, dass ihn manchmal sein Vater packe und ihn töten wolle; er schlage ihn sehr fest: „*..que me va a coger a matar..y me da pero..¡hm!*“. Einmal habe er ihm eine Ohrfeige verpasst und er habe angefangen zu bluten („ ... *Mi papá und día me tiró una cachetada y me hizo sangrar* ...“). Die Angst, die sie davor haben kann man an der Antwort von Lorenzo konstatieren:

> „*Me escondo en la lavadora...para que no peguen tanto.*“

Auf die Frage, ob es bei ihm zu Hause zu Streitigkeiten komme, meint er, dass es zeitweise im Nachbarhaus zu Streitigkeiten und Schreien komme aber nicht zu Schlägereien. Wenn er in Schwierigkeiten gerate, verstecke er sich in der Waschmaschine, damit er nicht so viel geschlagen werde. An dieser Stelle soll darauf hingewiesen werden, dass bei zwei Brüderpaaren jeweils immer nur einer der zwei Brüder direkt von der häuslichen Gewalt berichtet (Kevin und Lorenzo). Logischerweise erleben auch die zwei Brüder (Gustavo und Hugo), die nicht direkt von dieser Gewalt berichten diese häusliche Gewalt. Dieser Umstand wird bei Gustavo und Hugo von ihrer Mutter bestätigt, die selbst Opfer dieser Gewalt durch ihren Ehemann wird. Darüber hinaus schildert sie, dass sie mittlerweile teilweise aber auch vor Kevin Angst bekomme, der ihr gegenüber handgreiflich werde.

Von körperlicher Gewalt unter *Geschwistern* berichtet Cristina. Ihre beiden Schwestern schlügen sich hin und wieder gegenseitig. Die eine Schwester ziehe die andere dann an den Haaren oder wenn die eine spiele, komme die andere und ärgere und schlage sie. Zudem habe ihr Halbbruder versucht ihre kleine Schwester mit einem Ziegelstein zu schlagen, da diese aber entwichen sei, habe sie selbst den Schlag abbekommen.

„ ... a mi hermana casi le pega..un ladrillazo ... casi le pega ... mi hermano a mi hermana..la más pequeñita. .... fue a correr y cuuuch me pegó a mí."

Von der Gewalt zwischen ihren *Eltern* berichten wenige Kinder (Lorenzo, Felipe), z.B.:

„Aquel día mi papá le pegó ... a mi mamá y se le reventó. ... ¡y se lo llevaron! La policía a mi papá. Y, él mismo llamó a la policía."

Vor einiger Zeit habe sein Vater seine Mutter (ins Gesicht) geschlagen und dies sei „aufgeplatzt". Sein Vater habe persönlich die Polizei gerufen, die ihn dann mitgenommen hätten. Im Gespräch mit der Mutter von Felipe sowie von Kevin und Gustavo wird durch ihre Erzählungen deutlich, dass diese von ihren Ehemännern geschlagen werden. Die Mutter von Felipe zeigt im Gespräch ihren linken Oberarm, der von Blutergüssen übersät ist.

5.6.3 Beziehungen der Familienmitglieder

Die meisten Kinder schildern mir, dass sie sich gut mit ihren Eltern bzw. Bezugspersonen, Geschwistern und den restlichen Familienmitgliedern verstehen. Trotzdem berichten manche auch vom Gegenteil (Ana, Diego, Inés), so erzählt bspw. Ana, dass ihr Onkel ihnen permanent Vorwürfe mache und sie deshalb von dort ausziehen wollten (*„..acá hay un tio que nos echa en cara mucho. Todo, entonces, mi mami quiere salir de allá."*).

Daneben scheint die Beziehung der Eltern in einigen Fällen problematisch zu sein (Lorenzo und Hugo, Gustavo und Kevin, Felipe), so meint Felipe:

„Bien..aunque ... antes ... como en mayo pelearon. Pero ya no han vuelto a pelear."

Seine Eltern verstünden sich gut; wobei sie sich „früher, ungefähr im Mai" gestritten hätten. Seitdem hätten sie sich aber nicht mehr gestritten. Im Einzelkontakt (Zeichnung der Familie) fängt Felipe darüber hinaus an zu weinen, weil ihn die Familiensituation extrem belastet.

5.6.4 Fragmentierung

Die Fragmentierung der Familie betrifft die Trennung von den Eltern bzw. einem Elternteil oder eine Trennung von den Geschwistern; eine Trennung von den Großeltern sowie dem erweiterten Familienkreis, eine Trennung der Eltern und den Verlust eines Familienmitgliedes infolge eines Todesfalles.

So lebt Inés nicht zusammen mit ihrer *Kernfamilie*, sondern hat erst bei ihren Paten gewohnt und aktuell lebt sie mit ihrer Großmutter, weil sie *dort* nicht zur Schule gehen konnte. Diego wächst ohne seine Mutter auf, weil diese in Bogotá im Gefängnis sitze (*„Ella está en*

Bogotá...en la cárcel.“) und seine Brüder leben in Girón. Der Vater von Cristina wohnt anscheinend nicht immer bei ihnen. Brian berichtet:

„ ... *Ocaña a donde está mi papá. Donde también viven mis hermanos..son cinco horas que se demora..él está trabajando allá. Y, él viene..o nosotros vamos..por eso es que nosotros también queremos irnos.“ (Brian)*

Der Vater arbeite und wohne mit seinen Brüdern in Ocaña, welches ca. fünf Stunden weit weg sei. Er komme her oder sie führen dort hin; deshalb wollten sie auch aus Bucaramanga wegziehen. Der Vater sei damals zurückgegangen, weil er *hier* keine Arbeitsstelle gefunden habe. Auch Ana hat eine Zeit lang ohne ihre Mutter (und ihren Vater) gelebt:

„ ... *Mi mamá no vivía conmigo un tiempo... cuando yo iba en tercero y cuarto yo no estaba viviendo con ella.“*

Eine weitere Form der Fragmentierung, die oft zu beobachten war und unter der die Kinder enorm leiden, ist die Trennung von den *Großeltern* und der *erweiterten Familie* (z.B. Enrique, Jaime, Martha):

„ ... *Después de eso, ¡mi tío, mi nona separaron todos!..See..se fueron pa' una parte diferente.“ (Jaime)*

Enrique vermisst beispielsweise von seinem Herkunftsort am meisten seine Großmutter („*¡Mi nona!*“).

Eine Art der Fragmentierung, die sehr häufig von den Kindern geschildert wurde (Ana, Brian, Diego, Enrique, Felipe, Inés, Jaime, Lorenzo, Martha), ist der *Verlust von Familienmitgliedern* (Vater, Onkel, Tante, Nichte, Neffe, Cousine, Cousin, Geschwister). So hat Ana im Kontext des bewaffneten Konfliktes ihren Vater verloren; bei den anderen Verlusten ist es nicht klar, ob diese aus den direkten Konsequenzen des Konfliktes und der Vertreibung resultieren. Deutlich wird allerdings, dass diese Kinder und ihre Familien darunter leiden. Demzufolge vermisst z.B. Ana am meisten ihren Vater und ihre Nichte („*A mi papá y a mi sobrina.*“) und Felipe berichtet, dass er am meisten seine zwei Brüder und seine Cousine vermisse, die verstorben seien:

„ ... *Yo quería mucho a mis dos hermanos..que se murieron. Y a mi prima también..que murió.“*

Befinden der Bezugspersonen

Aus den Aussagen von Ana und Lorenzo kann man schließen, dass es der Mutter bzw. den Eltern zumindest zeitweise nicht gut geht:

> *„Pues la verdad, la veo triste.. que ella no está trabajando..se salió del trabajo porque era muy duro."*

Ihrer Meinung nach sei ihre Mutter traurig, weil sie nicht arbeite. Sie habe ihre letzte Arbeitsstelle (Bergwerk) aufgegeben, weil die Arbeit zu hart gewesen sei. Lorenzo erzählt, dass es früher Tage gegeben habe, an denen seine Eltern „getrunken und getrunken und getrunken" hätten (Alkohol). Sie hätten jeden Tag getrunken, „nachmittags, um eins, um zwei..von früh morgens an":

> *„Hay días que Sí. Tomaban..y tomaban y tomaaaban. ... ¡Todos los días! Por la tarde..a la una, a las dos ... desde la mañanitica empezaban a tomar."*

5.6.5 Wie fühlen sich die Kinder zu Hause?

Insgesamt vermitteln die Kinder den Eindruck, dass sie sich zu Hause wohl fühlen. Ein besonders positives Beispiel ist Jaime, der meint, dass er es sogar manchmal zu Hause besser finde als in der Schule (*„Chévere. Me gustaría..a veces, a veces..sólo a veces, pienso que la casa es mejor qu'el colegio"*). Auf der anderen Seite fühlen sich aber z.B. Ana und Diego offensichtlich zu Hause unwohl und bei Inés kann man anhand ihrer Aussagen darauf schließen. Laut Diego betrinken sich seine Onkel ständig (*„ ... mis tíos ellos se emborrachan cada unos ratos.."*); und laut Ana:

> *„ ... estamos durmiendo en un piso. No tenemos cosas proprias..la cocina no es propria. ... a nosotros nos molestan mucho por la cocina..que por las ollas, que por no se qué ... y a mi mami tampoco le gusta y a mí tampoco, que a cada hora nos estén echando en cara las cosas.. y a mí me da rabia eso."*

Sie fühle sich zu Hause nicht so wohl, weil sie auf dem Boden schliefen, keine eigenen Sachen hätten und ihnen permanent Vorwürfe im Bezug auf die Küche gemacht würden. Ihr und ihrer Mutter gefiele es nicht, dass ihnen immerzu Vorwürfe gemacht würden und es mache sie wütend.

5.7 Bindung

Diese Kategorie wurde erst nach der Kodierung mehrerer Interviews mit in das Kategoriensystem aufgenommen (induktiv gewonnen), da nach gründlicher Sichtung des

Materials Hinweise auf ein auffälliges Bindungsverhalten und evtl. Hinweise auf das Vorliegen von Bindungsstörungen beobachtet werden konnten.

Hinweise auf ein *übermäßig angepasstes Verhalten* haben die Erzählungen von Inés, Martha und z.T. Lorenzo gegeben. *Martha* sagte, sie sei gerne freundlich bzw. liebenswürdig und höre gerne auf ihre Eltern:

> *„ ... me gusta ser amable. Esto, hacerles caso a mis papás ...“*

Das Schlimmste, das ihr jemals passiert sei, sei nicht auf ihre Eltern gehört zu haben („ ... *no hacerle caso a mis papás.“*) und das Beste, mit ihren Eltern auszugehen („ ... *salir con mis..con mii familia.“*). Lorenzo bliebe unter anderem gerne „still sitzen“ („ ... quedarme quieto“) und Inés räume, wenn sie nicht in der Schule sei, u.a. gerne die Küche auf und bereite Popcorn zu:

> *„¿Pasatiempos?...No sé ... a veces me gusta coger allá por la cocina y digamos esto arreglarla sí no..fritar crispetas..o sí,no, jugar con mis amigas.“*

Ein *fürsorgliches Verhalten* gegenüber den Eltern bzw. *auffällige Sorgen um das Befinden* der Bezugsperson waren bei Ana und Jaime deutlich erkennbar. Ana erklärte etwa, dass es ihr gut gehe und wenn es ihr nicht so gut gehe, dann wäre der Grund dafür, dass sie sich um ihre Mutter Sorgen mache:

> *„Pues yo me siento bien..cuando no tan bien, por mi mami.“*

Jaime mache sich starke Sorgen um das Wohlbefinden seiner Mutter, weil er sie sehr liebe:

> *„ ... El bienestar de mi mamá. Yo quiero mucho a mi mamá.“*

Ambivalentes Verhalten

Ein in Bezug auf Bindungen *ambivalentes Verhalten* war u.a. bei Diego und Cristina erkennbar. Dementsprechend berichtet Diego zunächst abfällig, dass seine Tante sehr aggressiv sei, und im nächsten Moment schildert er, wie diese ihm bei den Hausaufgaben helfe (*„Mi tía es muy agresiva más..hm. Mi tía a veces, me ayuda allá con las tareas.“*). Cristina vermisse ihren Bruder sehr stark, der sie aber körperlich misshandelt habe (s.o.).

Vor allem bei den explorativen Fragen zu den Wünschen der Kinder sowie deren Erfahrungen und Motiven ihres Glücks bzw. Unglücks konnte man sehr gut erkennen, dass die Familie diesen Kindern in besonderem, ja auffälligem Ausmaß, wichtig ist. Demzufolge ist das *Glück* (vgl. 5.5) vieler dieser Kinder (Ana, Brian, Enrique, Felipe, Inés, Lorenzo,

Martha) von ihrer Familie abhängig. Exemplarisch seien die Aussagen von Lorenzo und Martha dargestellt:

> *„Mi mamá y mi papá."* (Martha)

Martha machen ihre Mutter und ihr Vater glücklich; und Lorenzo macht es glücklich, dass seine Familie zusammen ist:

> *„Qué mi familia está reunida."* (Lorenzo)

Die besten *Erfahrungen* (vgl. 5.13) von Brian, Enrique, Felipe, Inés und Martha stehen in direktem Zusammenhang zu ihrer Familie genauso wie die schlimmsten Erfahrungen von Ana, Brian, Enrique, Felipe, Inés und Martha.

Die *Wünsche* (vgl. 5.14) der Kinder zeigen vielleicht am deutlichsten wie wichtig ihnen ihre Familie ist. Elf von dreizehn Kindern wünschen sich etwas im Zusammenhang mit dem Wohlergehen ihrer Familie. Als Beispiel sei der Wunsch von Inés genannt, die sich wünscht, „dass niemals, niemand auf dieser Welt oder aus ihrer Familie jemals sterben oder altern würde; und dass alle Leute glücklich wären":

> *„Que nunca..ni nadie ni el, el del mundo ni de mi familia ni que se muriera..ni que se envejeciera. Y, que todo fuera..toda la gente fuera feliz."*

5.8 Schule

Mit der Frage nach der Schule sollte deren Bedeutung für die Kinder erfasst werden. Insgesamt hat sich gezeigt, dass die Schule den Kindern aus mehreren Gründen sehr wichtig ist und ihr demzufolge alle außer Diego eine sehr positive Bedeutung beigemessen haben. Dementsprechend ist für Ana das Beste, das ihr jemals passiert ist *„Empezar a estudiar"*, also mit der Schule angefangen zu haben. Sie gehen (außer Diego) alle gerne zur Schule und der am häufigsten genannte Grund hierfür ist der Lernfaktor (Ana, Brian, Cristina, Enrique, Kevin, Lorenzo). Lorenzo erklärt, dass ihm Mathematik beigebracht werde, damit er, wenn er eines Tages einen Laden habe, nicht bestohlen werde („ ... *Porque aquí me enseñan como..cuando o sea, por ejemplo, tengo una tienda.. aquí me enseñan sobre la matemática, ¡para qué no me roben!"*). Zudem meint Brian:

> *„¡Me gusta! O sea, estudiar, aprender ... porque aquí aprendemos ... mi mamá dice que si uno estudia, cuando sea grande ... vas ser alguién importante en la vida."*

Brian gefalle die Schule, weil es ihm Spaß mache zu lernen und seine Mutter ihm sage, dass wenn man lerne, man jemand Wichtiges im Leben werden könne. In ähnlicher Weise stellt Ana fest, dass sie in der Schule lernen kann und wenn sie groß werde „wer sein" könne im Leben:

„Si.. Porque yo puedo aprender..cuando crezca puedo ser alguien en la vida."

Kevin und Gustavo macht die Schule primär Spaß, demzufolge argumentiert Gustavo, dass es unterhaltsam ist (*„Po'que es divertido."*); und für Hugo sind es in erster Linie die Freunde an der Schule, die ihm wichtig sind. Diego gehe nicht gerne zur Schule, weil es zu schwierig sei und er geschlagen werde.

5.9 Ausgliederung

Um feststellen zu können, ob sich die Kinder als *Opfer von Stigmatisierung und Diskriminierung* fühlen, wurde nach bestehenden Freundschaften gefragt und danach, ob sie als desplazados bezeichnet werden und wie sich dabei fühlen. Von Interesse war auch, ob sie sich über die Bedeutung des Begriffes *desplazado* im Klaren sind. Daneben wurden genannte Aspekte einer positiven Aufnahme von Seiten der Gemeinde oder der bereits in Bucaramanga lebenden Familie notiert.

5.9.1 Werden sie als desplazados bezeichnet? Was empfinden sie dabei?

Kind	Bedeutung	Signalisierung	Empfindung
Ana	„..desplazado por la violencia. Que le muera algún familiar que estuvo en la guerrilla..o parraco así..como se me murió mi papá.“ „Desplazado auf Grund der Gewalt.“ Dass ein Familienangehöriger sterbe, der in der Guerilla war oder im Paramilitär. So wie ihr Vater verstorben sei.	„Mmm.. sí.. mi mamá.“ Ihre Mutter.	„Y para mí eso es normal.“ Für sie ist das normal.
Brian	„..mi mamá me dice que esque lo..lo hayan corrido..la guerrilla y los parracos..¿eso es?“ Seine Mutter habe ihm gesagt, dass das bedeutet, dass man von der Guerilla oder dem Paramilitär „verschoben“ worden sei.	/	„Mm..normal.“ „Normal.“
Cristina	/	/	/
Diego	/	/	/
Enrique	„..Que lo saquen como de algo..una..de una..¿sí como de una casa? Algo así.“ „Dass man von einem Haus oder so vertrieben wird, so etwas in der Art.“	„No. No tanto. No. Me parece que no.“ „Nicht so wirklich.“ Er glaubt nein.	/
Felipe	„..Sí..que..eh son sacados de los hogares por los guerrilleros así.“ „Ja, dass sie von der Guerilla aus ihren Wohnungen vertrieben werden.“	„No. Yo no sé.“ „Nein.“ Er wisse es nicht.	/
Gustavo	/	„Mi mamá.“ Seine Mutter.	„Bien.“ „Gut.“
Hugo	/	/	/
Inés	„Ah sssi. Cuandooo, digamos a uno lo desalojan porque sí..pues, sí.“ „Ja, wenn man vertrieben wird.“	/	„Mm...normal.“ „Normal.“
Jaime	„Sí..Que a uno..lo sacan de las tierras de donde estaba.. Le quitan todo.“ „Ja, dass man von dem Land vertrieben wird, wo man war. Dass einem alles weggenommen wird“.	„Nadie. Mi mamá me dijo que nosotros somos desplazados.“ „Niemand.“ Seine Mutter habe ihm gesagt, dass sie *desplazados* seien.	„Mm nada..normal.“ „Nichts. Normal.“

Kevin	/	/	/
Lorenzo	/	„¡Sí mi mamá! Que me dijo que yo era desplazado. Con ella, mi papá y todos.“ Ja, seine Mutter habe ihm gesagt, dass er und sein Vater und alle *desplazados* seien.	„Mm..bien.“ „Gut.“
Martha	/	/	/

Tabelle 15 Bezeichnung als desplazado und empfundenes Gefühl

Fast die Hälfte (n=6) der befragten Kinder weiß nicht, was mit dem Ausdruck „*desplazado*“ gemeint ist und die Mehrheit (n=7), die darüber informiert ist, kommt der tatsächlichen Bedeutung ziemlich nahe. Die wenigsten (n=4) wurden schon einmal als solche bezeichnet, und wenn, dann von ihren Müttern. Das Gefühl, das diese Bezeichnung bei ihnen auslöst ist größtenteils „positiv“ (nichts, normal und gut), aber keinesfalls als negativ einzuschätzen.

5.9.2 Positive Freundschaften und eine positive Aufnahme von Seiten der Gemeinde oder der Familie

Alle befragten Kinder scheinen soziale Kontakte zu Gleichaltrigen zu haben, da sie alle von Freunden berichten, welche ihnen auch sehr wichtig zu sein scheinen. Beispielsweise gefallen Hugo von seinem Stadtviertel am Besten seine Freunde und auch Lorenzo wohne gerne dort, weil er dort viele Freunde habe:

„ ... Porque allá hay muchos amigos.“

Felipe gefällt an dem Stadtviertel besonders, dass seine Freunde und seine (erweiterte) Familie dort leben und Martha sowie Lorenzo betonen die positiven sozialen Kontakte an der Schule; so seien die Lehrerinnen „sehr gut“ zu Lorenzo (*„ ... y esto son muy buenas conmigo.“*). Ana erzählt mir, dass sie bei ihrer Ankunft hier von allen mit offenen Armen aufgenommen worden sei:

„Yo llegué acá y acá me recibieron con los brazos abiertos todos.“

5.10 Entwurzelung

Im Zusammenhang mit einer evtl. anzutreffenden Ausgliederung, interessierte die Forscherin, ob sich die Kinder entwurzelt fühlen, d.h. ein Verlust von Heimatgefühlen sowie ein mangelndes oder selbst fehlendes Zugehörigkeitsgefühl am aktuellen Lebensort zu erkennen war. Solch ein Gefühl könnte u.a. von einem häufigen Wohnortswechsel bzw. *wiederholten desplazamiento*, Kulturschock und dem Wohlbefinden der Kinder am aktuellen Lebensort beeinflusst werden.

5.10.1 Häufiger Wohnortswechsel

Einige der Kinder berichten von einem *häufigen Wohnortswechsel* (Ana, Brian, Inés, Jaime und Lorenzo, damit automatisch auch Hugo), wobei nicht klar ist, ob es sich bei allen auch um eine andauernde Flucht handelt (wiederholtes desplazamiento). Dies verdeutlicht etwa die Aussage von Inés, die gleichzeitig zeigt, dass die Vertreibung oft kein Ende findet:

> *„ ... mis papás han sido desplazados como cuatro veces ... y los quieren sacar de allá ... "*

Ihre Eltern seien ungefähr vier Mal vertrieben worden, und „man" wolle sie von *dort* rausholen. Jaime erzählt, dass sie zuerst in ein *Dörfchen* gezogen seien, aus dem sie von der FARC „herausgeholt" worden seien. Von dort seien sie in ein weiteres Dörfchen namens „San Díaz oder so ähnlich" weitergezogen, wo sodann die Guerilla und die parracos aufgezogen seien und es zu einer Auseinandersetzung gekommen sei. Anschließend sei das Ejército gekommen und habe alles „mit Bomben" beendet. Es seien nur Mauern übrig geblieben. Er sei ungefähr ein Jahr alt gewesen, als sie von *dort* weggegangen und *hierher* gekommen seien:

> *„Primero, fuimos pa' un pueblito. Allí nos sacaron las FARC. Después fuimos a un pueblito que se llama ... No me acuerdo San Diaz, algo así. Y ... allá llegaron los parracos, la guerrilla, se enfrentaron y llegó el ejército..y acabaron todo dizqu' con bombas. Sólo quedaron muros. Y, y, yo tenía como un añito y nos fuimos. Y de allí vinimos pa'cá."*

5.10.2 Kulturschock

Ein offensichtlicher *Kulturschock* ist bei den Kindern nicht zu erkennen. Manche erwähnen jedoch, dass sie das Ländliche vermissen (z.B. Felipe) sowie dass es in der Stadt „anders" sei (z.B. Enrique). Felipe merkt gleichzeitig an, dass er etwas „ganz Komisches" fühle, wenn er die Stadt verlasse (*„ ... uno siente algo como todo raro. De dejar la ciudad también."*). Bei Inés (die zum Zeitpunkt der Erhebungen noch nicht lange in Bucaramanga wohnt) kann man allerdings erkennen, dass ihr das Städtische (noch) missfällt. Demzufolge meint sie, dass es ihr in Bucaramanga zwar gefalle, aber auf dem Land gefalle es ihr besser (*„Sí. Pero más en el campo."*). Am wenigsten gefalle ihr der Lärm von den Autos und die verschmutzte Luft und am besten gefielen ihr die Geschäfte sowie die Autos „für den Fall, dass mal etwas passiert".

5.10.3 Zugehörigkeitsgefühle

Gleiches gilt für das *Fehlen von Zugehörigkeitsgefühlen*: Zwar erwähnt z.B. Hugo, dass er seine ehemaligen Freunde vermisse, gleichzeitig hat er aber in Bucaramanga bereits Anschluss gefunden. Inés meint allerdings, dass sie *nur* zwei Freundinnen habe. Ana und Felipe haben offenbar bereits vor der Vertreibung einen Bezug zu Bucaramanga gehabt; Felipe berichtet etwa, dass er *aber* hier geboren sei (*„¡ ... nací fue acá! Yo nací acá."*).

Die Mehrzahl der befragten Kinder wohnt gerne am aktuellen Lebensort (Ana, Brian, Cristina, Enrique, Felipe, Gustavo, Jaime, Lorenzo, Martha), wobei Felipe bspw. unter der Unsicherheit leidet. Inés wohnt lieber auf dem Land und Diego und Hugo wohnen nicht gerne in Bucaramanga. Hugo gibt als Grund an, dass es „sehr hässlich" sei. Ana meint sogar, dass es ihr besser als *dort* gefalle:

> *„Bien. Mejor que allá."*

5.11 Lebensqualität

Um das Ausmaß der Auswirkungen des desplazamiento besser einordnen zu können, wurde neben der Erhebung der soziodemographischen Daten durch die Bezugspersonen versucht, die subjektive Bedeutung der Lebenssituation für die Kinder ansatzweise zu erfassen.

5.11.1 Unsicherheit

Ein Aspekt, der recht deutlich wurde, sind die *unsicheren Lebensbedingungen,* unter denen die Kinder aufwachsen. Anhand der Erzählungen der Kinder konnten primär eine Überbevölkerung ihrer Unterkünfte, ein erhöhter Alkoholkonsum, teilweise mangelnde Nahrungsmittel, gefährliche Unterkünfte sowie ein besonders für Kinder und Jugendliche feindliches Umfeld (Stadtviertel) herausgearbeitet werden.

Diego, Ana, Lorenzo und Cristina berichteten zum Beispiel indirekt von einer *Überbevölkerung* ihrer Unterkünfte. Beispielsweise erklärt Cristina, dass sie nur drei Betten hätten: Ihre Eltern schliefen zusammen mit den drei Mädchen in einem Bett, ihr Onkel schlafe alleine in einem Bett, und ihre Großmutter und Tante teilten sich das dritte Bett; wohlgemerkt in einem Zimmer. Bei Ana wird deutlich, dass ihr das Gedränge missfällt, da sie meint, dass zu viele Menschen (ca. 20) dort wohnten:

„..mucha gente..demasiada..como veintipico."

Zudem berichtet z.B. neben Diego auch Felipe davon, dass sein Haus auf Grund der starken Regenfälle Gefahr laufe einzubrechen:

„..mi casa sufre peligro porque en diciembre mi casa ... en el patio hay como un barranco que se puede venir y allá hay bases y allí encima de esas está la casa. Y si se parten esas bases la casa se nos cae encima."

Fast die Hälfte der Kinder schildert ein *gefährliches Umfeld*, in dem sie sich nicht sicher fühlen (Felipe, Gustavo, Hugo, Jaime, Martha). Demzufolge erklären sie, dass es in dem Stadtviertel Diebe und *gamines* (Straßenkinder) gebe; Gustavo sei einmal sogar auf dem Weg nach Hause mit einem Messer bedroht und bestohlen worden, und Hugo habe große Angst vor dem *ñero*, dem Dieb, der in seinem Haus wohne. Des Weiteren erwähnen sie Schlägereien auf den Straßen, vor denen sie sichtlich Angst haben, z.B. meint Jaime, dass er manchmal Angst habe rauszugehen, weil es Schlägereien gebe:

„ ... a veces me da miedo salir cuando hay peleas..pues yo he visto una pelea ..."

Manchmal töteten „sie" auch Menschen, oder „sie" würden sich untereinander töten. Neulich hätten sich „zwei" vor der Schule in die Haare bekommen und einem sei ein Messer „in das Herz gerammt" worden ... Die Fünftklässler hätten alles gehört und gegen die (abgeschlossene) Eingangstür getreten und geschrien; und man habe das ganze Blut gesehen:

„ ... Matan a gente.. o a veces matan entre ellos. ... acá'fuerita ... se agarraron dos y a uno le pegaron en el corazón y en el pecho ... un cuchillo ... escuchaban afuera y los de 5 llegaron y le daban pata a la puerta porque ellos estaban en la puerta allí y gritaban y le daban pata a la puerta. ... y se vio todo el resto de sangre."

5.12 Kriegserfahrung

Bei dieser Kategorie handelte es sich um die Ermittlung der bewussten Information der Kinder über den Krieg und speziell um ihre Meinung zu den verschiedenen bewaffneten Gruppierungen (Guerilla, Paramilitär und Ejército) sowie der Bedeutung des conflicto armado und ihrer Meinung zu diesem.

Kind	Meinung über das Militär und die bewaffneten Gruppierungen	Bedeutung von und Meinung zu dem conflicto armado
Ana	Guerrilla, paramilitares & policía: „Me caen mal..Porque eso es mera muerte.“ Ejército: „No tanto. “ Die Guerilla, das Paramilitär und die Polizei gefallen ihr nicht, „weil das der reine Tod ist“; das Ejercito „nicht so sehr“.	Ana weiß nicht, was *conflicto armado* bedeutet.
Brian	Guerrilla: „ ... ¡nada!“ Paramilitares: „Tampoco nada.“ Ejercito: „Nada..“ „Nichts.“	„...Es igual que..la guerrilla, los parracos..es igual. Es pelea entre todos allí ellos se matan entre todos.“ „Das ist das Gleiche wie die Guerilla, das Paramilitär. Das ist Streit zwischen den allen; sie töten sich gegenseitig.“
Cristina	/	/
Diego	Guerrilla: „Nada.“ Paramilitares: „Nada.“ Ejército: „Nada..de la policía tampoco.“ „Nichts.“	Diego weiß nicht, was *conflicto armado* bedeutet.
Enrique	Guerrilla: „Nada.“ – „Nichts.“ Ejército: „Hm..normal. – „Normal.“	„No casi...No que defendernos, ¿o algo así?“ „Kaum. So etwas wie uns zu verteidigen?“
Felipe	Ejército: „Sí que ellos nos salvan de cosas. Y a veces cuando se a robado algo..o cuando ... hay un encendio o algo.“ – „Die retten uns vor Sachen. Wenn geklaut wird, oder wenn es einen Brand gibt.“ Paramilitares: „No sé que son.“ – Felipe weiß nicht, was das Paramilitär ist.	Felipe weiß nicht, was *conflicto armado* bedeutet.
Gustavo	Guerrilla: „Nada.“ Paramilitares: „Tampoco.“ Ejército: „Mm..tampoco.“ „Nichts.“	Gustavo weiß nicht, was *conflicto armado* bedeutet.

Hugo	Guerrilla: „Nada." – „Nichts." Ejército: / Paramilitares: /	Hugo weiß nicht, was *conflicto armado* bedeutet.
Inés	Guerrilla: „Lo que pienso es que son malos." – „Was ich meine ist, dass die böse sind." Paramilitares: „También." – „Auch." Soldados: „Mm..mm regular." – „So so."	Inés weiß nicht, was *conflicto armado* bedeutet.
Jaime	Guerrilla: „ .... Nada, que son gente mala." Paramilitares: „Peor." – „Nichts, dass es schlechte Menschen sind." Ejército: „Bueno pue', antes ... eran mas malo's que todo' ..y después resultaron buenos." – „Naja, vorher waren sie die Schlechtesten und später haben sie sich als gut erwiesen."	„ ... esque el ejército como la guerrilla tiene mucha plata acá y está secuestrando..y matando a personas importantes. Y entonces esos ... se pelean." – „Das Ejército hat, wie die Guerilla hier viel Geld und sie entführen und töten wichtige Menschen; und dann kämpfen sie." „Muy feo. Si no existiera violencia todos saldrían a la calle. No habiera robos, estarían todos más tranquilos no habieran cuchillos ni nada. Estaríamos jugando tranquiiilos. Haciendo las cosas tranquilos." – „Sehr übel. Wenn es keine Gewalt gäbe, dann würden alle auf die Straße gehen. Es gäbe keine Diebstähle, alle wären unbesorgter, es gäbe keine Messer, gar nichts. Wir könnten unbesorgt spielen. Die Dinge unbekümmert machen."
Kevin	Guerrilla: „No sé..no sé." – „Weiß nicht." Paramilitares: „No sé." – „Weiß nicht." Ejército: „ ... se me olvidó." – „Ich habe es vergessen."	Kevin weiß nicht, was *conflicto armado* bedeutet.
Lorenzo	Guerrilla: „¡Que son malos! Porque ¡ellos matan a la gente y se la reclutan para que ataquen a los soldados! – „Dass die böse sind! Weil sie Menschen töten und sie rekrutieren, damit diese die Soldaten ermorden!" Ejército: „Ellos si son buenos porque ellos los detienen.. y los matan.. ¡por malos!" – „Die sind gut, weil sie die festnehmen und sie töten, weil sie schlecht sind!" Paramilitares: „¿Quién son esos? Los soldados?" – „Wer sind diese? Die Soldaten?"	Lorenzo weiß nicht, was der *conflicto armado* ist.

Martha	Guerrilla: „La guerrilla es muuy mala. Para los soldados." – „Die Guerilla ist sehr böse. Für die Soldaten." Paramilitares: „¿Los soldados?..Ah ellos son buenos, son amables.." – „Die Soldaten? Ah, die sind gut, die sind freundlich."	Martha weiß nicht, was der *conflicto armado* ist.

Tabelle 16 Kriegserfahrung

Etwa die Hälfte der Kinder hat keine Meinung zu den bewaffneten Gruppierungen (Guerilla, Paramilitär) und zum Militär; und diejenigen, die sich zu diesen äußern, haben in der Mehrheit eine negative Meinung über die Guerilla und das Paramilitär und eine neutrale bis positive in Bezug auf das Militär. Mehr als die Hälfte der Befragten kennt die Bedeutung des bewaffneten Konfliktes in Kolumbien nicht und demzufolge haben alle außer Jaime keine Meinung zu diesem.

5.13 Erfahrungen

Im Zusammenhang mit den Erlebnissen, die diese Kinder bereits in ihrem Leben gemacht haben, wollte die Forscherin explorieren, welche Erfahrungen für die Kinder subjektiv von Bedeutung sind. Hierfür wurden die Kinder gefragt, was das Beste bzw. was das Schlimmste ist, das ihnen jemals passiert sei.

Kind	Beste Erfahrung	Schlimmste Erfahrung
Ana	„Empezar a estudiar." „Mit der Schule anzufangen."	„Qué mi papá se haya muerto" „Dass mein Vater gestorben ist."
Brian	„ ...¡algo con mi primo!" „Etwas mit meinem Cousin."	„ ... es que ¡a a mí se me han muerto dos tíos!" „Dass zwei Onkel von mir verstorben sind."
Cristina	„Ninguna." „Keine."	„Tampoco.." „Auch nicht."
Diego	„Nada." „Nichts."	„Nada." „Nichts."
Enrique	„Ser tío ..." „Onkel zu sein."	„¡Qué mi familia se enferme!" „Dass meine Familie krank wird."
Felipe	„Lo mejor es cuando me la paso con mi familia..cuando..estamos los cuatro juntos..cuando vamos a pescar o algo así." „Das Beste ist, wenn ich mit meiner Familie bin, wenn wir zu viert sind und fischen gehen oder etwas in der Art."	„Lo peor es cuando mi papás pelean.." „Das Schlimmste ist, wenn meine Eltern sich streiten."
Gustavo	„Nada." „Nichts."	„Mm un dia me robaron." „Eines Tages wurde ich beklaut."
Hugo	„Nada." „Nichts."	„Nada." „Nichts."
Inés	„Estar con mi familia." „Mit meiner Familie zu sein."	„Lo peor es que fallizcan." „Dass sie sterben."
Jaime	„ ... es cuando llegó mi primo Wilson." „Als mein Cousin Wilson gekommen ist."	„ ... Es cuando mi mamá me regañó por primera vez" „Als meine Mutter mich zum ersten Mal ausgeschimpft hat."

Kevin	„Mm..na." „Mm..nö."	„Tampoco." „Auch nicht."
Lorenzo	„ ... esto..tener amigos. Es lo mejor.." „Freunde zu haben."	„ ... haber conocido a esta niña que se llama Trini..porque ella a toda hora insulta a mi mamá." „Dieses Mädchen Trini kennengelernt zu haben, weil sie ständig meine Mutter beleidigt."
Martha	„ ... salir con mis..con mi familia." „Mit meiner Familie auszugehen."	„ ... no hacerle caso a mis papás." „Nicht auf meine Eltern zu hören."

Tabelle 17 Erfahrungen

Die aufgezählten Erlebnisse der Kinder zeugen auch hier von der subjektiven Bedeutung, welche die Familie für diese Kinder besitzt und zwar sowohl in Bezug auf ihre positiven, als auf ihres negativen Erfahrungen. Ähnlich wie bei den Unglücksmotiven der Kinder (vgl. 5.5.) bewegen etwa die Hälfte der Kinder in Bezug auf ihre Familien Themen wie Disharmonie, Krankheit und Verluste. Ein weiterer großer Anteil hat „nichts" Bedeutsames erlebt und dies kann, wie bereits angemerkt (vgl. 5.5.), auf eine emotionale Abflachung dieser Kinder hinweisen.

5.14 Wünsche der Kinder

Kind	Wunsch
Ana	„Que mi papá estuviera vivo, mi sobrina también..mi hermano estuviera fuera de la cárcel..qué estuvieramos bien.“ Ana wünscht sich, dass ihr Vater und ihre Nichte am Leben seien, ihr Bruder nicht im Gefängnis sei und, dass es ihnen gut ginge.
Brian	„Que..primero..pues que se reviviera mi tío..y ver a mi tío..segundo, que esto..¡me fuera bien en todas las materias!Y de último, que esto..mm..me compran esto..videojuego.“ Brian wünscht sich, dass sein Onkel wieder zum Leben erwache und er ihn wiedersehen könne, dass er in allen Fächern gute Leistungen erbringe und dass ihm ein Videospiel gekauft werde.
Cristina	„..que me operaran y que compraran una bicicleta..ah que me celebraran..el cumpleaños..“ Cristina wünscht sich, dass sie operiert werde, dass ihr ein Fahrrad gekauft werde und dass ihr Geburtstag gefeiert werde.
Diego	„Qu`estuviera mi mamá acá, toda mi familia y ya.“ Diego wünscht sich, dass seine Mutter und seine ganze Familie da seien und nichts weiter.
Enrique	„Que fuera feliz siempre con mi familia, que mi mamá nos sacara adelante y..y.que estuviera también mi papá bien...“ Enrique wünscht sich, dass er immer glücklich sei mit seiner Familie, dass seine Mutter sie (also die Familie) durchbringe und, dass es seinem Vater auch gut ginge.
Felipe	„Eh..que mi familia nunca peleara..que tuviéramos un buen hogar y..y vivir juntos.“ Felipe wünscht sich, dass seine Familie sich nie streite, dass sie ein gutes Zuhause hätten und, dass sie zusammen lebten.
Gustavo	„..Ahorita no tenemos televisor..ahorita no tenemos televisor...que cuidan a mi papá y a mi mamá...que vivamos feliz.“ Auf die Frage antwortet er, dass sie zurzeit keinen Fernseher hätten ... er wünsche sich, dass auf seinen Vater auf seine Mutter aufgepasst werde und, dass sie glücklich lebten.
Hugo	„Que no viviera el ñero en mi casa..que viviéramos en otra casa..mm..yyy..que la vaya bien en el trabajo a mi papá.“ Hugo wünscht sich, dass der „*ñero*“ nicht in dem Haus wohne, dass sie in einem anderen Haus wohnten und dass es seinem Vater auf der Arbeit gut gehe.
Inés	„¡Hm! Que nunca..ni nadie ni el el del mundo ni de mi familia ni que se muriera..ni que se envejeciera. Y que todo fuera..toda la gente fuera feliz.“ Inés wünscht sich, „dass niemals, niemand in dieser Welt oder aus meiner Familie jemals sterben würde oder altern würde.“ „Und, dass alles, dass alle Leute glücklich wären.“

Jaime	„ ... Primero, deseo..sería..bueno puesss, tener un celular porque cuando me voy yo llamo..de pronto a mi nona..o a mis tíos y así, pa`no sentirme solo...¡Pues que gane el año! ... Qe, o sea..que me suban las materias todos cinco para impresionar a mi mamá..y ... por parte de mi papá por ejemplo cuando yo esté allá ..me diera una sorpresa ...“ Jaime wünscht sich ein Mobiltelefon ..., das Schuljahr zu schaffen ..., um seine Mutter zu beeindrucken ... und dass ihm sein Vater eine Überraschung mache ...“
Kevin	„Me iría al parque, a la piscina y el..y..no más.“ Kevin wünscht sich, in den Park und ins Schwimmbad zu gehen und sonst nichts weiter.
Lorenzo	„¡Ser un dragón¡Y..lanzar fuego..¡y qué mi familia sea feliz por siempre! Lorenzo wünscht sich ein Drache zu sein und Feuer zu spucken und, dass seine Familie für immer glücklich sei.
Martha	„..Estooo..ser buena estudiante..mi..ayudarle a mis padres y cuidar a mis hermanos.“ Martha wünscht sich, eine gute Schülerin zu sein, ihren Eltern zu helfen und auf ihre Geschwister aufzupassen.

Tabelle 18 Wünsche

Die Wünsche der Kinder zeigen, ähnlich wie ihre Glücks- bzw. Unglücksmotive (vgl. 5.5.) und ihre Erfahrungen (vgl. 5.13.), dass ihnen ihre Familie und ihre Familienmitglieder enorm wichtig sind. Die meisten wünschen sich folglich den Zusammenhalt ihrer Familie sowie eine glückliche Familie; und einige sprechen sich daneben noch explizit für das Wohlbefinden ihrer Eltern aus. Vereinzelt sehnen sie sich nach verstorbenen Familienmitgliedern und wünschen sich, dass diese wieder zum Leben erwachen. *Materielle Wünsche* (z.B. ein Fahrrad, ein Videospiel) äußern nur wenige und manche wünschen sich einfach „in den Park (spielen) zu gehen“, oder ihren „Geburtstag gefeiert zu bekommen“. Ein weiterer Aspekt, der zum Vorschein kommt ist der Wunsch nach einem besseren Leben sowie „gute Schulleistungen“ zu erzielen.

5.15 Symbolik

Bei der Kodierung der Interviews wurde deutlich, dass einige der Kinder *symbolische Elemente* in ihre Erzählungen einbauen (Phantasiefiguren, Spielzeug, Tiere).

Zum Beispiel erzählen Brian und Lorenzo, dass es an ihrem Herkunftsort *Hexen* gebe. Weil Brian Angst vor den Hexen habe, gehe er einerseits gerne dahin, andererseits aber auch nicht so gerne. Ausserdem müsse man dort immer ein Gewehr neben seinem Bett haben:

„ ... donde mi nono, por allá si hay brujas ... por eso, por una parte me gusta ir y por otra parte no. ¡Dónde mi nono toca que estén durmiendo al lado de la escopeta!“

Lorenzo sei in den Bergen (nicht in Bucaramanga) eines Tages der *Teufel* erschienen; ein schwarzer Hund mit roten Augen und Hörnern, der nicht gebellt, sondern das Geräusch eines Pferdes gemacht habe.

„Y un día ... ¡se nos apareció el diablo! ¡En la montaña! ... ¡pero era un perro negro con los ojos rojos! ... ¡¿No'esque tenía los cuernos?! ¡¿El diablo!? ¡Tenía los ojos rojos! Y no ladraba. Hacía el sonido de un caballo.“

Diego und Inés erwähnen im Zusammenhang mit der Frage nach einem Verlust ihre (Haus-) Tiere; und zwar einen Papageien und einen Ameisenbär.

Kevin und Lorenzo erinnern sich im Zusammenhang mit ihrem Herkunftsort an ihr *Spielzeug*. Kevin hatte etwa ein sprechendes Püppchen, welches er zwar nach Bucaramanga mitgenommen, aber verloren habe (das scheint ihn traurig zu machen):

„También teníamos un muñequito que hablaba ... apenas llegué y se me perdió.“

Lorenzo erzählt in Bezug auf sein „schönes“ ehemaliges Haus von Chuqui (einer Puppe), die von einer Frau in der Küche ermordet worden sei. Die Frau habe ihrer Tochter die Puppe gekauft, aber als die Puppe sich von diesen in der Küche unbeobachtet gefühlt habe, habe sie das dort liegende Messer gegriffen, sei aufgestanden und zu ihnen ins Zimmer gelaufen. Daraufhin habe die Mutter die Puppe an den Haaren gegriffen und sie mit dem Gürtel geschlagen und weggeworfen:

„ ... una cocina grande y allí mataron a una muñeca que se llamaba Chuqui. Una señora, que le compró una muñeca a la hija ... la pusieron en la cocina y cerraron la cortina y ellos estaban mirando por la cortina y dejaron un cuchillo allí y la muñeca se paró y lo agarró. Y se entró pa' la pieza donde ellos estaban y la mamá la agarró de los pelos y le empezó a dar correa y la botó.“

5.16 Rückkehr

Kind	Würden die Kinder gerne an ihren Herkunftsort zurückkehren?
Ana	„No..Mucha..mucha guerrilla, mucho parraco..y mis hermanos ya están grandes. Y de pronto los cogen pa eso..y no es porque ellos, porque uno quiera, sino porque ellos lo obligan." Ana wolle nicht zurückkehren. Es gebe „viel Guerilla, viel parraco" und ihre Brüder seien schon groß. Vielleicht würden sie „dafür genommen" werden; nicht weil man wolle, sondern weil man dazu gezwungen werde.
Brian	„Si..Esque allá me gusta porque allí hay quebradas, ríos pa bañar..y allá tengo un primo, una prima..y con mi prima harto jugabamos allá..en una cancha." Er würde gerne dort wohnen, weil es Bäche und Flüsse gebe, in denen man sich baden könne und er dort einen Cousin und eine Cousine habe, mit denen er viel auf einem Sportplatz gespielt habe.
Cristina	(erinnert sich nicht)
Diego	„¡Na!" „Nö!" (abfällig)
Enrique	„¿Hmm? No sé." Enrique weiß es nicht.
Felipe	„No..es que allá..casi no..me gusta es, ir así cuando .....vacaciones pero casi no." Felipe wolle nicht zurückkehren, weil es ihm kaum gefalle *dahin* zu gehen (er gehe manchmal in den Schulferien dahin).
Gustavo	„Mmm..na." „Mm..nö!" (abfällig)
Hugo	„Síi (geflüstert)." „Jaa. (geflüstert)."
Inés	„Sí (sehr traurig)" „Ja (sehr traurig)."
Jaime	„Puess..no sé cómo será..yo nunca he visto." Jaime wisse nicht, ob er zurückkehren wolle, weil er den Ort noch nie gesehen habe.
Kevin	„Sí. ... Porque para mi es bonito. Kevin würde gerne zurückkehren, weil es für ihn schön sei.
Lorenzo	„¡Sí!" „Ja!"
Martha	/

Tabelle 19 Rückkehr

Fünf der Kinder würden gerne an ihren Herkunftsort zurückkehren (38.5%), vier wollen nicht zurück (30.8%), zwei wissen es schlichtweg nicht (15.4%) und zwei wissen es nicht (15.4%), weil sie sich nicht an den Ort erinnern können.

6 Interpretation und Diskussion der Ergebnisse

Ziel der vorliegenden Studie war die Exploration der (langfristigen) psychosozialen Auswirkungen des desplazamiento por violencia aus der Perspektive von Kindern. Im Folgenden sollen die Ergebnisse der Untersuchung interpretiert und diskutiert werden und für die Interpretation und Diskussion der Ergebnisse soll an dieser Stelle auf die eingangs gestellte Fragestellung Bezug genommen werden (vgl. 3.1).

(1) Wie erleben kolumbianische Kinder die Vertreibung und die Gewalt im Zusammenhang des bewaffneten Konfliktes in Kolumbien (desplazamiento por violencia)?

Grundlegend für die Beantwortung der Fragestellung der vorliegenden Studie, war zunächst einmal die Frage, ob sich die Kinder überhaupt an das desplazamiento bzw. an ihren Herkunftsort erinnern konnten. Von den untersuchten Kindern behaupteten 11 sich sowohl an die Vertreibung, als auch an den Herkunftsort zu erinnern. Eines der Kinder, das sich nicht zu erinnern meinte, gab allerdings die Erzählungen seiner Mutter teilweise spezifischer und emotionsgeladener dar, als diejenigen, die sich daran zu erinnern meinten. Diese Tatsache lässt das Greifen der erläuterten intergenerationalen Traumata erkennen, d.h. dass sich das Kind von den Traumata seiner Bezugspersonen betroffen fühlt sowie der Tatsache, dass die Kinder die Traumata teilweise *wieder erleben*, ohne diese aber selbst erfahren zu haben (Lennertz, 2006). Das Mädchen, das sich gar nicht erinnerte, wusste nur, dass sie zu dem Zeitpunkt vier Jahre alt gewesen war. Im Vergleich zu den anderen Kindern, die teilweise zum Zeitpunkt des desplazamiento sogar jünger gewesen sind, könnte dies ein Hinweis auf den Bestand einer posttraumatischen Amnesie sein, die zu den Symptomen der PTBS dazuzählt (APA, 1994; zitiert nach Becker, 2006; Steinhausen, 2010).

Die von den Kindern dargestellten Erinnerungen und Gefühle im Zusammenhang mit der Vertreibung und ihren ehemaligen Wohnorten haben insgesamt einen beschreibenden Charakter. Einerseits behaupten sie nur indirekt Kontakt mit den verschiedenen bewaffneten Akteuren (der Guerilla, dem Paramilitär, den Soldaten) gehabt zu haben, nennen aber als Gründe für das desplazamiento die Gewalt und die (Lebens-)Bedrohungen durch die bewaffneten Gruppierungen (Ermordung von Familienmitgliedern, Nachbarn, Gemeindemitgliedern; bewaffnete Auseinandersetzungen, Bombardierungen), d.h. dass sie durchaus auch auf direkte Art und Weise mit diesen konfrontiert worden sind. Dies weist u.a. auf die Widersprüchlichkeit hin, die allgemein in ihren Aussagen anzutreffen ist. So erzählen sie auf eine überraschend natürliche Art und Weise von *äußerst traumatischen Ereignissen,* wie dem Tod von geliebten Bezugspersonen (z.B. dem Tod des Vaters von Ana), von den bewaffneten Auseinandersetzungen zwischen verschiedenen Gruppierungen, von Bedrohung, Folter und Bombardierungen. Die in den Erzählungen der Kinder zu beobachtende emotionale Distanz zu den traumatischen Erfahrungen, sprich ohne die zu erwartende Betroffenheit, deutet auf eine *emotionale Taubheit* dieser Kinder hin, wobei sich diese nicht bei allen Kindern auf gleiche Art und Weise äußert. Demzufolge ist solch eine Gefühllosigkeit bei Ana deutlich zu beobachten, die während der Darstellung der Ermordung ihres Vater keine einzige Träne vergießt, bei Inés allerdings nicht, die anschaulich von ihrer Todesangst im Zusammenhang mit dem erlebten Luftangriff erzählt. Hierbei ist sicherlich der seit dem Eintreffen des traumatischen Ereignisses verstrichene Zeitraum von ausschlaggebender Bedeutung, der bei den zwei Mädchen stark differiert. Dementsprechend betrug der durchschnittliche Zeitraum seit dem desplazamiento bei den befragten Kindern 5.8 Jahre, wobei manche erst kürzlich und andere seit längerer Zeit vertrieben worden waren. An dieser Stelle sei gesagt, dass es sich bei diesem Wert höchstens um einen approximativen Wert handeln kann, da zum einen die Aussagekraft mancher Bezugspersonen in Frage gestellt werden muss und zum anderen durch die wiederholten Vertreibungen ein genauer Wert nicht feststellbar ist. Sowohl die emotionale Taubheit, als auch die Latenzzeit der auftretenden Symptome gehören zu den klassischen Symptomen der PTBS (APA, 1994; zitiert nach Becker, 2006; Steinhausen, 2010). Dies bedeutet, dass diese Daten zusammengenommen auf eine mögliche Traumatisierung der Kinder hinweisen. Manche Kinder wiederum, meinen den Grund für die Vertreibung nicht zu kennen und stellen ihren eigenen Erklärungen dafür auf (z.B. dass der Vermieter sie rausgeschmissen hat), allerdings tauchen die *wahren* Gründe in einem anderen Zusammenhang innerhalb des Interviews auf (z.B. bei der Frage nach ihren Erfahrungen). Aus diesen Beobachtungen lässt sich ableiten, dass diese Informationen den Kindern anscheinend nicht bewusst sind bzw. sie diese kaum oder gar nicht reflektiert haben. Dass die Kinder die Erlebnisse kaum verarbeitet haben geht auch daraus hervor, dass die Erzählungen der Kinder, im Großen und Ganzen, inkohärent sind und sie gewissermaßen von einer Erinnerung zur nächsten *springen.* Bei den Erzählungen der Kinder bekommt man das Gefühl, dass sie nur Ausschnitte von dem Erlebten wiedergeben, wobei unklar bleibt, ob sie sich i.S. einer posttraumatischen Amnesie nur an einzelne Ereignisse erinnern können (APA, 1994; zitiert nach Becker, 2006;

Steinhausen, 2010) oder aufgrund ihres jungen Alters zum Zeitpunkt der Vertreibung (das durchschnittliche Alter beim desplazamiento lag bei 4.5 Jahren) (vgl. 4.2.3.). Eine weitere Erklärung wäre in der Vermeidung der Erinnerungen an die traumatischen Ereignisse zu sehen, welches ein weiteres Merkmal der PTBS darstellt (APA, 1994; zitiert nach Becker, 2006; Steinhausen, 2010). Einige der Kinder wiederum scheinen die Gewalt anhand von Elementen aus einer Phantasiewelt (z.B. Hexen, Teufeln, Spielzeug) symbolisch zu verarbeiten und auf diese Art und Weise eine gewisse emotionale Distanz zu dem Geschehenen aufzubauen. Die im Zusammenhang mit den Erzählungen vom desplazamiento und dem Herkunftsort auftauchenden *Hexen und Teufel* (vgl. 5.15) könnten in diesem Sinne als Symbolisierung der bewaffneten Akteure verstanden werden, die sodann verschiedene Gewaltformen ausdrücken (z.B. die mordenden Puppe).

Die Befragten schildern im Zusammenhang mit dem desplazamiento *traumatische Verluste* wobei Unterschiede bzgl. der Art des Verlustes (emotional, materiell und symbolisch) zu erkennen sind. In erster Linie berichten sie von tatsächlichen emotionalen Verlusten, also dem Tod von *Familienmitgliedern* – daneben erleben sie aber die *Trennung* von Familienmitgliedern, Freunden und ihrem sozialen Netzwerk ebenso als Verlust. Neben dem Verlust von den Eltern bzw. von Familienmitgliedern, wird eine Trennung von den Eltern von den betroffenen Kindern, als enorm belastend erlebt. Ein oft zu beobachtendes Trennungsmuster war darüber hinaus die Trennung von den Großeltern, die für gewöhnlich am Herkunftsort bleiben oder zurückkehren. Sowohl der Verlust als auch die Trennung von wichtigen Bezugspersonen der Kinder, können als *Beziehungstraumata* klassifiziert werden und können enorm negative Auswirkungen auf die Kinder haben (Arias & Ruiz Ceballos, 2000; Zimmerman et al., 1999; zitiert nach Lennertz, 2006).

Zudem scheinen die Kinder unter dem Verlust ihrer Häuser, (Haus-)Tiere und ihrem ursprünglichen Umfeld zu leiden. Manche Kinder zeigen in Bezug auf den Verlust ihrer (Haus-)Tiere bspw. stärkere Trauerreaktionen als im Zusammenhang mit ihren Familien (Arias & Ruiz Ceballos, 2000). Diese Beobachtung legt den Schluss nahe, dass diese teilweise den emotional belastenderen Verlust der Familie in Form eines symbolischen Verlustes (z.B. eines Tieres) verarbeiten. Diese Symbolisierung könnte den Kindern im Sinne eines Bewältigungsmechanismus eine emotionale Distanzierung von den Beziehungstraumata ermöglichen. Ein weiterer Hinweis für eine emotionale Distanzierung von den erlebten Traumata ist die Tatsache, dass sich die Aussagen der Kinder teilweise widersprechen: Demzufolge meinen viele der Kinder noch nie „schlimme Erfahrungen" (vgl.

5.12) gemacht zu haben, berichten aber bspw. im Zusammenhang mit dem desplazamiento von enorm traumatischen Ereignissen. Des Weiteren weisen ihre Wünsche, Erfahrungen und Glücksmotive (vgl. 5.4., 5.13, 5.14) auf die Wichtigkeit der Familie für diese hin (z.B. haben sie kaum materielle Wünsche), allerdings tauchen in diesem Kontext verschiedene Themen auf (z.B. Disharmonie, Erkrankung, Trennung, Verlust), die gleichzeitig auf eine diesbezügliche Traumatisierung sowie auf Trennungs- und Verlustängste hinweisen und folglich ebenfalls eine emotionale Taubheit als Bewältigungsmechanismus nahe legen.

Die Tatsache, dass 38.5 % von den befragten Kindern trotz der geschilderten traumatischen Erfahrungen gerne an ihren Herkunftsort zurückkehren würden, untermauert die bei den Kindern beobachtete emotionale Distanzierung zu den Geschehnissen bzw. die durch die Trennung von den Familienmitgliedern hervorgerufene emotionale Belastung, unter der die Kinder enorm zu leiden scheinen. Daneben sind aber auch die 30.8% der Kinder zu sehen, die dies nicht wollen sowie die 15.4%, die unentschlossen sind und die zusammengenommen dafür sprechen, dass viele am neuen Lebensort Anschluss finden; letztlich sind die restlichen Kinder zu nennen, die sich nicht an den Ort erinnern können.

(2) Hat die Vertreibung Auswirkungen auf das Erleben und Verhalten von kolumbianischen Kindern und wie manifestieren sich diese?

Die Mehrheit der interviewten niños desplazados behauptet von sich selbst, dass es ihr gut geht – nur die wenigsten bezeugen, dass es ihnen mittelmäßig, oder schlecht geht. Bei denjenigen, die behaupten, dass es ihnen gut geht könnte es sein, dass es sich um sozial erwünschte Antworten handelt. Dieser Verdacht wird durch die Beobachtung bekräftigt, dass manche im Laufe des Interviews aufbrechen und erkennen lassen, dass sie durchaus mit verschiedenen negativen Gefühlen (z.B. Angst, Trauer) zu kämpfen haben. Eine alternative Erklärung wäre die Gewöhnung an ein gewisses *Unwohlsein*, sodass diese Kinder dieses Befinden infolge gar nicht mehr als besonders negativ wahrnehmen oder dass sie im Gegensatz zu anderen Bevölkerungsgruppen in ihrem bisherigen Leben noch kein wirkliches Wohlbefinden erfahren haben. Darüber hinaus muss an dieser Stelle erneut auf die beobachtbare emotionale Taubheit hingewiesen werden, die sich gerade durch einen geminderten Affektspielraum kennzeichnet (APA, 1994; zitiert nach Becker, 2006; Steinhausen, 2010). Die stärksten Empfindungen und Gefühle dieser Kinder lassen sich in Bezug auf ihre (Kern-)Familien feststellen (vgl. 5.5., 5.14), die folglich gleichzeitig zu einem großen Teil für ihr Glück bzw. Unglück und ganz allgemein, in starkem Maße für ihr Wohlbefinden verantwortlich sind. Auf die Bedeutung der Familie als moderierenden

Faktor, v.a. für Kinder, die Opfer von Krieg und Gewalt geworden sind, haben schon mehrere Autoren hingewiesen (vgl. Arias & Ruiz Ceballos, 2000; Bello et al. 2000; Pérez-Olmos et al., 2005).

Im Gegensatz zu den Beobachtungen anderer Autoren (vgl. Arias & Ruiz Ceballos, 2000; Bello Albarracín et al., 2000; Campo Rodicio, 2000; Rozo, 2000) konnten bei der vorliegenden Stichprobe insgesamt i.S. einer Stigmatisierung von Seiten der aufnehmenden Gemeinde keine Gefühle der Ausgliederung und kaum Gefühle der Entwurzelung festgestellt werden. Dies könnte daran liegen, dass viele der Kinder vor der Vertreibung bereits einen (emotionalen) Bezug zu Bucaramanga hatten (z.B. wurde fast die Hälfte in Bucaramanga geboren) und der Großteil darüber hinaus aus angrenzenden Gebieten nach Bucaramanga geflüchtet ist, sprich der kulturelle Unterschied als gering eingeschätzt werden kann. Dementsprechend werden sie von der Gemeinde nicht als desplazados etikettiert, welches ihnen den Anpassungsprozess an die neue Umgebung erleichtert (Camilo, 2000). Alle der befragten Kinder scheinen einen guten Anschluss am neuen Lebensort gefunden zu haben: Sie haben soziale Kontakte zu Gleichaltrigen und berichten von einer positiven Aufnahme durch die Schule; beide Faktoren gelten als Schutzfaktoren (Bello Albarracín et al., 2000; Betancourt, 2002; zitiert nach Stichick Betancourt & Tanveer Khan, 2008). Die Tatsache, dass etwa die Hälfte der Kinder die Bedeutung von dem Begriff desplazado nicht kennt, deutet erneut auf einen niedrigen Reflexionsgrad dieser Kinder hin und könnte zudem in Verbindung mit der bei ihnen beobachteten sprachlichen Verkümmerung als Hinweis darauf gedeutet werden, dass in den Familien wenig Raum für Dialog herrscht. Im Gegensatz dazu steht allerdings die Definition von den *informierten* Kindern, welche die Bedeutung insgesamt treffend erfasst. Das Ausbleiben einer starken Entwurzelung könnte durch die Zugehörigkeitsgefühle zum aktuellen Lebensort (vgl. 5.10.3) und dem Fehlen eines deutlichen Kulturschocks (vgl. 5.10.2) erklärt werden. Auf eine erkennbare *spontane Identifikation* von Kindern und Jugendlichen mit dem städtischen Leben haben bereits Bello Albarracín et al. (2000) hingewiesen. Allerdings fördert der, teilweise auch bei den Kindern beobachtete eintretende häufige Wohnortswechsel, das Entstehen von Gefühlen einer Entwurzelung (Bello Albarracín et al., 2000).

Ungefähr die Hälfte der Befragten hat weder eine Meinung zu den unterschiedlichen bewaffneten Gruppierungen, noch zu dem bewaffneten Konflikt in Kolumbien und folglich haben quasi alle der befragten Kinder keine Meinung zu dem Konflikt. Die andere Hälfte ist den bewaffneten Gruppierungen (das Militär ausgenommen) insgesamt negativ einstellt. Die

Befunde zu den bewussten Informationen der Kinder über den Krieg in Kolumbien (conflicto armado) könnten ähnlich wie bei der Erfassung der Bedeutung des Begriffes desplazado auf einen geringen Reflexionsgrad bzgl. der (erlebten) Ereignisse in Kolumbien hindeuten oder aber auf ein Vermeidungsverhalten, welches wiederum auf eine Traumatisierung hinweisen könnte (APA, 1994; zitiert nach Becker, 2006; Steinhausen, 2010).

Insgesamt deuten die Befunde auf einen negativen Einfluss der im Zuge des desplazamiento von den Kindern erlebten *multiplen (Beziehungs-)Traumata* (Verluste, Trennungen, Fragmentierung, familiäre Gewalt) auf dessen *Bindungsverhalten*. Im Sinne der von Brisch (2010) vorgeschlagenen Diagnostik und Typologie, konnten bei den Kindern Hinweise für verschiedene Ausprägungen von Bindungsstörungen beobachtet werden: Anzeichen für ein *Gehemmtes Bindungsverhalten* anhand einer übermäßigen Anpassung; ein *Bindungsverhalten mit Rollenumkehrung*, auch *Parentifizierung* genannt, gekennzeichnet durch ein überfürsorgliches Verhalten des Kindes gegenüber der Bindungsperson und der Angst vor dem realen Verlust der Bezugsperson sowie ein *Undifferenziertes Bindungsverhalten* und ein *Aggressives Bindungsverhalten* in den freien Beobachtungen der Kinder. Des Weiteren konnte bei einigen Kindern eine unsicher-ambivalente Bindung erkannt werden (vgl. 5.7). Eine Störung des Bindungsverhaltens wirkt sich negativ auf das Explorationsverhalten von Kindern aus (Schleiffer, 2009), welches sich folglich notwendigerweise negativ sowohl auf ihre Fähigkeit auswirkt soziale Kontakte aufzubauen und aufrecht zu erhalten, als auch auf ihren Lernerfolg in der Schule, und sich somit letztlich auch negativ auf ihre Zukunftsperspektiven auswirkt. In Verbindung mit der Entwicklung einer sicheren Bindung bzw. einer unsicheren oder desorganisierten Bindungsqualität, ist einerseits der Zeitpunkt des Eintretens der Beziehungstraumata von Bedeutung, da v.a. die ersten Lebensjahre für die Ausformung der Bindungsqualität ausschlaggebend sind; andererseits kann sich die Bindungsart aber im Laufe des Lebens gerade durch traumatische Erfahrungen verändern (z.B. von einer sicheren in eine unsichere Bindungsqualität) (Brisch, 2010). Das relativ niedrige Durchschnittsalter der befragten Kinder (4.5 Jahre) könnte zusammen mit den von ihnen erlebten massiven Beziehungstraumata dementsprechend als Risikofaktor gesehen werden. Darüber hinaus leiden die Kinder auch unter den Traumatisierungen ihrer Bezugspersonen (intergenerationale Traumatisierung), da diese infolge der psychischen Belastung nicht mehr in dem gleichen Maße für diese emotional verfügbar sind (Lennertz, 2006). Diese Situation wird durch die familiäre Gewalt (vgl. 5.6.3) und die prekären

Lebensbedingungen (vgl. 5.11) dieser Familien verschlimmert; beide Umstände gelten im Kontext von Bindungsqualitäten als Risikofaktoren (vgl. Brisch, 2010; Lyons-Ruth & Jacobvitz, 1999; zitiert nach Brisch, 2010). Zudem muss die herrschende familiäre Fragmentierung als zusätzlicher Risikofaktor für das psychische Wohlbefinden der niños desplazados gesehen werden, da sie außer den Eltern in ihrem neuen Umfeld keine oder weniger alternative Bezugspersonen zur Verfügung stehen haben und eben gezeigt werden konnte, dass für kolumbianische Kinder bspw. die Großeltern als *Ersatzbindungspersonen* fungieren können (Amar Amar & Berdugo de Gómez, 2006). Kolumbien kann als eine familienbezogene Kultur eingestuft werden, d.h. dass der Familie (Kern- und erweiterte Familie), den familiären Beziehungen und dem Familienzusammenhalt ein großer Wert zugesprochen wird (vgl. Garcia-Coll, Meyer, & Brillon, 1994; Zamorano & Claudia, 1998; in Kliewer et al., 2001) und folglich eine adaptive Bindungsfähigkeit der Individuen von ausschlaggebender Bedeutung ist. Bezogen auf die Situation der Kinder bedeutet dies zum einen, dass diese potenziell mehrere Bezugspersonen (z.B. Großeltern, Tanten, Onkel) zur Verfügung haben können, zum anderen leiden sie aber durch die starken familiären Bindungen dementsprechend bei Trennungen oder Verlusten von diesen enorm darunter. In solch einem familienbezogenen Land muss die Beeinträchtigung des Bindungsverhaltens von Kindern durch die multiplen negativen Auswirkungen des desplazamiento als ein schwerwiegender Risikofaktor für das psychische Wohlbefinden dieser gesehen werden, gerade weil die Familie für sie von großer Bedeutung ist, wie auch bei diesen Kindern beobachtet werden konnte (vgl. 5.5., 5.13, 5.14). Die Wünsche der Kinder illustrieren dies auf bedeutsamer Weise und deuten durch die angesprochenen Themen (Zusammenhalt, glückliche Familie, Wohlbefinden der Eltern, *Wiederbelebung* von verstorbenen Familienmitgliedern) gerade auf Traumatisierungen in diesem Bereich sowie auf massive Trennungs- und Verlustängste der Kinder hin. Ganz allgemein scheint die Qualität der Bindung einen moderierenden Effekt auf die Vulnerabilitätsschwelle für Belastungen von Individuen zu haben (Brisch, 2010), d.h. dass eine sichere Bindung eine gelungene Anpassung an Belastungen unterstützt (Schleiffer, 2009) und eine unsichere Bindung die Ausformung psychischer Störungsbilder fördert (Brisch, 2010).

(3) Unter welchen Lebensbedingungen wachsen vertriebene kolumbianische Kinder auf und wie erleben sie diese?

In Übereinstimmung mit vorliegenden Befunden, lässt sich insgesamt aus den Daten ableiten, dass die untersuchten niños desplazados unter prekären Lebensbedingungen aufwachsen (vgl. Bello Albarracín et al., 2000; Camilo, 2000). Dementsprechend gehören sie den untersten sozialen Schichten Kolumbiens an und die geschilderten Wohnbedingungen (z.B. wohnen 58% in Mietwohnungen, bei denen es sich in 46% der Fälle um Einzimmerwohnungen handelt) sowie die Hinweise auf das Fehlen von Nahrungsmitteln (62%) weisen auf sehr arme Lebensverhältnisse hin. Die Aussagen der Kinder legen den Schluss nahe, dass sie primär unter der Unsicherheit in ihrem Umfeld bzw. den unsicheren Lebensbedingungen leiden (vgl. 5.11.1). Diese beinhalten eine Überbevölkerung der Unterkünfte, *gefährliche* Unterkünfte sowie ein feindliches Umfeld, in dem sie sich unsicher fühlen und Angst haben rauszugehen. Wenn man bedenkt, dass eine Überbevölkerung z.B. die Gefahr eines sexuellen Missbrauchs erhöhen kann, wird es ersichtlich aus welchem Grund die Tatsache, dass viele der Kinder davon berichten „alle in einem Bett zu schlafen", alarmierend ist (vgl. Bello Albarracín et al., 2000; Maldonado Guerrero, 2000). Die Angst der Kinder, deren Häuser aufgrund der starken Regenfälle kurz davor stehen einzubrechen, ist v.a. im Kontext der von ihnen bereits erlebten multiplen Verluste verständlich und verhindert den Eintritt der Stabilität, die diese so dringend benötigen. Letztlich ist in der feindlichem Umwelt (Raube, Morde, Schlägereien, Bedrohungen usw.), in der sie aufwachsen, ein weiterer Risikofaktor zu sehen, da diese die Erholung von der am Herkunftsort erfahrenen Gewalt nicht erlaubt, da diese in ihrem neuen Umfeld weiterhin Gewalt ausgesetzt sind (vgl. Andrade Truyol & Alvarez, 2000; Campo Rodicio, 2000; Maldonado Guerrero, 2000). Die Tatsache, dass die Kinder in der Mehrheit behaupten ihr Stadtviertel zu mögen, steht hierzu in Kontrast und könnte ein Hinweis für eine *Gewaltsozialisierung* darstellen. Zusammenfassend müssen die prekären Lebensbedingungen dieser Kinder als besonders problematisch gesehen werden, da sie bereits vor sowie während der Vertreibung und letztlich auch am neuen Lebensort mit verschiedenen Stressoren konfrontiert werden, die zusammengenommen als aufrecht-erhaltende Bedingungen mglw. vorliegender psychischer Störungen gewertet werden können (Rodríguez et al. 2005).

In Übereinstimmung mit vorherigen Untersuchungen (vgl. 2.2.5) konnten auch bei den befragten Kindern negative Auswirkungen des desplazamiento auf die Familiendynamik beobachtet werden. Diese betreffen v.a. die Zusammensetzung der Familien, die infolge der Vertreibung unter einer bedeutsamen Fragmentierung (Trennungen und Verluste) leidet sowie die Veränderung der Rollenverteilung innerhalb der Familie, infolge der die Kinder mehr Zeit alleine verbringen, auf ihre jüngere Geschwister aufpassen oder im Haushalt helfen müssen, weil ihre Mütter arbeiten gehen müssen. Insbesondere die Trennung der Kinder von einem Elternteil oder beiden (46.2%) oder der Verlust dieser, ist für die niños desplazados mit großem Leid verbunden. Daneben leiden die Kinder stark unter der Trennung von ihren Großeltern, die oftmals am Herkunftsort bleiben (Arias & Ruiz Ceballos, 2000; Bello Albarracín et al., 2000). Zudem geht aus den Erzählungen der Kinder hervor, dass die Mehrzahl von ihnen bereits mit einer Vielzahl von emotional bedeutsamen Verlusten (Familienmitglieder) konfrontiert worden ist, wobei diese anscheinend nicht alle in direkter Verbindung zum desplazamiento stehen (vgl. 4.2.3). Diese Fragmentierung wirkt sich generell negativ auf das allgemeine psychische Wohlbefinden dieser Kinder aus (Pérez-Olmos et al., 2005; Rozo, 2000) und speziell können sich gerade die Beziehungstraumata negativ auf ihr Bindungsverhalten auswirken (Zimmerman et al., 1999; zitiert nach Lennertz, 2006). Die Mehrheit der Kinder behauptet sich zu Hause wohl zu fühlen und berichtet von guten Beziehungen zwischen den Familienmitgliedern. Diese Aussagen stehen aber im starken Widerspruch zu der in diesen Familien herrschenden häuslichen Gewalt, die aus den Darstellungen der Kinder hervorgeht. Ob die häusliche Gewalt eine Konsequenz der Vertreibung darstellt oder infolge dieser angestiegen ist, geht aus den Befunden nicht hervor; jedoch steht ein erhöhtes Ausmaß familiärer Gewalt in dieser Bevölkerungsgruppe im Einklang mit bisherigen Untersuchungen (Andrade Truyol & Alvarez, 2000). Etwa die Hälfte der interviewten Kinder berichteten von körperlicher Gewalt durch ihre Eltern, teilweise in hohem Ausmaß und oft verbunden mit Angstgefühlen. Allerdings offenbaren sie diese nicht auf direkte Art und Weise, welches sich evtl. durch den courtesy bias erläutern lässt (Jones, 1963; zitiert nach Stubbe, 2004). Eine weitere Erklärung könnte in einer Kultur wie Kolumbien, in der die Reputation von Familien für soziale Prozesse von Bedeutung ist, die Angst vor einem *Gesichtsverlust* der Familie sein. Daneben könnte dieser Befund auch auf eine Gewöhnung der Kinder an Gewalt und in diesem Sinne auf den Bestand einer *Gewaltkultur* hinweisen (Cairns, 1996; zitiert nach Rebolledo, 2000). So deuten mehrere Autoren darauf hin, dass niños desplazados in Kolumbien durch ihre Erfahrungen dazu sozialisiert worden sind, um den Krieg zu überlegen (z.B. Arias & Ruiz Ceballos, 2000; Bello Albarracín et al., 2000), welches folglich eine gewisse Gewöhnung an Gewalt miteinschließt. So können diese Umstände zur Entstehung eines *Teufelskreises der Gewalt* führen, da die Kinder sowohl in ihrem häuslichen, als auch in ihrem weiteren Umfeld im Sinne der Imitation und des Modelllernens lernen, dass der Gebrauch von Gewalt ein normales Verhalten darstellt, und dieses gewaltvolle Verhalten dementsprechend selbst anwenden, da sie keine alternativen Verhaltensweisen (z.B. der Dialog) als Modell verfügbar haben (Bandura & Walters, 1959; zitiert nach Schmidt-Denter, 2005). So konnte bei den untersuchten Kindern festgestellt werden, dass manche bereits Elemente der Gewalt in ihr Verhalten integriert haben (z.B. berichtete eine Mutter davon, dass sie mittlerweile von ihrem Ehemann *und* ihrem Sohn geschlagen werde). Dieser Teufelskreis der Gewalt ist in Bezug auf die sozialpolitische Situation in Kolumbien als besonders gravierend einzuschätzen, wenn man bedenkt, dass die Hälfte der desplazados Kinder sind und demzufolge ca. 5% der kolumbianischen Bevölkerung darstellen. Wenn nun alle diese Kinder im Sinne dieses Teufelskreis sozialisiert werden, sprich selbst Gewalt erfahren und diese weitergeben, könnte dies der Autorin nach im weitesten Sinne als ein den Konflikt aufrechterhaltender oder zumindest nicht entgegenwirkender Faktor bewertet werden.

Die Aussagen der Kinder deuten darauf hin, dass ihnen die Schule insgesamt sehr wichtig ist. Sie sehen in der Schule primär die Möglichkeit zu Lernen und sich dadurch eine bessere Zukunft aufbauen zu können sowie einen Raum zur Sozialisierung, in dem sie mit ihren Freunden Spaß haben können. Auf die protektive Wirkung von Bildungseinrichtungen auf Flüchtlingskinder haben bereits mehrere Autoren hingewiesen (vgl. Guedeney, 1998; zitiert nach Palacio et al., 1999; Stichick Betancourt & Tanveer Khan, 2008). Die besondere Bedeutung der Schule für diese Kinder lässt sich der Autorin nach auch dadurch erklären, dass diese einen *sicheren Ort* für sie darstellt. Ein Ort an dem sie keine Gewalt erfahren, an dem sie wie normale Kinder mit ihren Freunden spielen können – ein Ort an dem sie für ein paar Stunden tatsächlich auch mal *Kinder* sein können.

Fazit

Abschließend lässt sich festhalten, dass der Wert der vorliegenden Studie vor allem aus der Tatsache resultiert, dass die Stichprobe von einer staatlichen Schule Bucaramangas kommt und nicht aus den Slumvierteln. Dadurch lässt sich indirekt deren Integration in diese Gemeinde beobachten. Zudem stehen die Langzeitfolgen bzw. sekundären Effekte der Vertreibung im Vordergrund. Trotz des relativ langen Zeitraumes seit der Vertreibung leidet diese Bevölkerungsgruppe immer noch unter deren Auswirkungen. Die Kinder scheinen generell eher unter den sekundären als den primären Folgen des desplazamiento zu leiden (z.B. der Fragmentierung der Familie). Wobei die Befunde darauf hindeuten, dass die der Vertreibung vorangegangenen Erlebnisse sowie die direkten Folgen sich i.S. einer Interaktion durchaus immer noch auf ihr psychisches Wohlbefinden auswirken (z.B. Hinweise auf Bindungsstörungen). Die Kinder haben die multiplen Traumata den Befunden nach kaum verarbeitet, sondern eine emotionale Distanz zu diesen aufgebaut. Die Tatsache, dass während der Interviews kein einziges Kind geweint hat, legt dies nahe. Allgemein wären bei diesen Kinder aufgrund der erfahrenen multiplen Traumata und der prekären Lebensbedingungen, unter denen sie aufwachsen, insgesamt massivere negative Auswirkungen zu erwarten gewesen. Das wirft die Frage nach einer besonderen Resilienz, und in diesem Sinne nach adaptiven Bewältigungsmechanismen dieser Kinder auf. Nun stellt sich die Frage, ob bei dem *Kampf um das Überleben* dieser Kinder, im Sinne einer gelungenen Anpassung an die widrigen Lebensumstände tatsächlich an adaptive Bewältigungsmechanismen gedacht werden kann, oder eben *nur* an ein *Überleben*, bei dem die Kinder ihre gesamte Energie auf die Sicherung ihrer Grundbedürfnisse fokussiert haben. Meines Erachtens lassen sich beide Prozesse nicht klar voneinander trennen; wie diese nun aber genau aussehen und was sich explizit hinter ihnen verbirgt, müsste in weiteren Untersuchungen eingehend geprüft werden.

Diese Befunde müssen eben im Sinne des für die Untersuchung dieser vertriebenen Kinder aufgestellten Gedankenmodells (vgl. Abb. 3) betrachtet werden, welches in Übereinstimmung mit mehreren Autoren die Berücksichtigung verschiedener Faktoren und dessen Wechselwirkungen empfehlen (vgl. Ahearn, 2000; Joshi & O'Donnell, 2003; Adam 2005; Stichick Betancourt & Tanveer Khan, 2008; Elbedour et al., 1993; Sabatier et al., 2010). Diesem Ansatz nach, müsste den Kindern *und* ihren Familien zur Erreichung ihres psychischen Wohlbefindens, neben der Möglichkeit einer psychosozialen Unterstützung bei der Verarbeitung und Bewältigung ihrer Traumata, die Befriedigung ihrer Grundbedürfnisse (Schutz, Unterkunft, Ernährung, Dienstleistungen) sowie ein kindgerechtes Umfeld garantiert werden. Dementsprechend nützt es diesen Kindern bspw. wenig, dass sie eingeschult sind und sich eine bessere Zukunft ausmalen, wenn sie sich aufgrund ihrer Unterernährung oder der erlebten Beziehungstraumata und der familiären Situation nicht konzentrieren können und somit Gefahr laufen, die Schule nicht erfolgreich abzuschließen. An dieser Stelle ist auf die enorme Verantwortung des Staates sowie der aufnehmenden Gemeinden hinzuweisen, die durch eine adäquate Unterstützung dieser niños desplazados und ihrer Familien nach der Vertreibung dessen Auswirkungen erheblich beeinflussen können (Keilson, 1979; in Lennertz, 2006). Zwar besitzen die desplazados in Kolumbien mittlerweile einen besonderen nationalen Status (s. Ley 387 vom Jahr 1997), der z.B. den niños desplazados besondere Rechte einräumt (s. Auto 251 vom Jahr 2008), trotzdem ist die Erfüllung ihrer Grundrechte nicht gegeben und somit herrscht laut dem kolumbianischen

Verfassungsgericht diesbezüglich nach wie vor ein verfassungswidriger Zustand. Zudem beinhalten diese Rechte keine zwingende psychosoziale Betreuung der Opfer. Ob und wie sich dieser Zustand bzw. die Dynamik des bewaffneten Konfliktes in Kolumbien durch die neusten Veränderungen in dem Kurs der kolumbianischen Politik (z.B. Opfergesetz) ändern wird, gilt es abzuwarten. Eine Verbesserung der Situation dieser desplazados, die ca. 10% der kolumbianischen Bevölkerung repräsentieren, ist v.a. für die niños desplazados, die 50% dieser Bevölkerungsgruppe ausmachen, enorm wichtig, da sie nicht nur den vulnerabelste Bevölkerungsanteil, sondern auch die Zukunft Kolumbiens verkörpern. Solange die Außenstehenden nicht an den Bedürfnissen dieser Kinder anknüpfen und sich hinreichend um ihr Schicksal bemühen könnte es sein, dass diese gewissermaßen die Spirale der Gewalt weiterführen, da zumindest diese Kinder (5% der Bevölkerung!) kaum Möglichkeiten erhalten alternativen Handlungsmodelle (z.B. den Dialog) kennenzulernen und somit die am eigenen Leib erfahrene Gewaltkultur weiterführen könnten. Auch aus diesem Grunde ist die Exploration des subjektiven Erlebens dieser Kinder aus meiner Sicht von Bedeutung, um Interventions- und Unterstützungsprogramme zu entwickeln, die auf ihre Bedürfnisse zugeschnitten sind und auf diese Art und Weise letztlich auch durch die sich anschließende Unterstützung der Kinder zur Veränderungen in der Einstellung dieser Individuen gegenüber Gewalt beizutragen und somit bei diesen zukünftigen Akteuren der Gesellschaft hoffentlich zu Veränderungen ihrer Position in Bezug auf den bewaffneten Konfliktes beizutragen.

7 Zusammenfassung

Die vorliegende Studie hat sich mit der Frage befasst, wie die langfristigen psychosozialen Auswirkungen des desplazamiento por violencia, also der Binnenvertreibung in Kolumbien aufgrund der Gewalt, aus der Sicht von minderjährigen Binnenflüchtlingen in Kolumbien aussehen. Die Exploration der Gedanken, Gefühle und des Verhaltens dieser Kinder erfolgte anhand der Betrachtung ihrer Erfahrungen und Gefühle im Zusammenhang mit der Vertreibung, beobachtbare Auswirkungen der Vertreibung auf ihr Erleben und Verhalten sowie der Erfassung der Lebensbedingungen, unter denen sie aufwachsen.

Die Untersuchungen fanden in Kolumbien an der Vor- und Grundschule INEM, San Pablo, Sede H in Bucaramanga statt. Insgesamt wurden 13 Binnenflüchtlinge zwischen 9 und 13 Jahren (niños desplazados) mittels eines selbstkonstruierten Interviewleitfadens zu ihrer subjektiven Sicht der psychosozialen Auswirkungen des desplazamiento por violencia, der Binnenvertreibung, befragt. Die erhobenen halbstandardisierten Interviews wurden anschließend anhand einer qualitativen Inhaltsanalyse ausgewertet.

Die Ergebnisse dieser Untersuchung zeigen, dass die interviewten Kinder im Zuge der Vertreibung und durch den bewaffneten Konflikt in Kolumbien, mit einer Vielzahl potenziell traumatischer Ereignisse (verschiedene Ausprägungen von Gewalt, Bedrohung, Ermordung, bewaffnete Auseinandersetzungen, Bombardierungen) konfrontiert worden sind. Zudem haben sie infolge der Vertreibung verschiedene Beziehungstraumata (Verluste und Trennungen von Familienangehörigen) erlitten. Die bei den untersuchten Kindern beobachteten Symptome einer posttraumatischen Belastungsstörung (posttraumatische Amnesie, emotionale Taubheit, Vermeidung) sowie die Hinweise auf das Vorliegen einer Bindungsstörung weisen auf eine Traumatisierung aufgrund der Vertreibung hin.

In Bezug auf die längerfristigen Effekte der Vertreibung haben die Beobachtungen darüber hinaus gezeigt, dass die Kinder aktuell vor allem unter den negativen Auswirkungen der Vertreibung auf die Familiendynamik leiden, die verschiedene Beziehungstraumata (Fragmentierung) und Stressoren (Veränderung der Rollen, häusliche Gewalt) für die Kinder darstellen. Dies lässt sich durch die besondere Bedeutung der Familie für diese Kinder erklären, die dementsprechend gleichzeitig ausschlaggebend für ihr (psychisches) Wohlbefinden ist. Diese negativen Effekte äußern sich primär durch eine beträchtliche Betonung der Familie in den Erzählungen der Kinder sowie durch ein auffälliges Bindungsverhalten.

Die Analyse hat ergeben, dass die Kinder insgesamt mit einer emotionalen Distanzierung in Bezug auf die erfahrenen multiplen Traumata reagieren und sich dies für sie anscheinend als eine adaptive Art der Bewältigung darstellt. Dementsprechend verfügen sie trotz der gemachten Erfahrungen über wenig bewusste Informationen in Bezug auf den bewaffneten Konflikt und der Vertreibung in Kolumbien.

Die Untersuchungen haben gezeigt, dass die befragten Kinder weder unter einer Ausgliederung, Entwurzelung oder Stigmatisierung leiden und am neuen Lebensort einen guten Anschluss gefunden zu haben scheinen. Allerdings deuten die Befunde darauf hin, dass sie unter äußerst prekären Lebensbedingungen aufwachsen, die sich durch eine bezeichnende Armut, einer bedenklichen Wohnsituation (Überbevölkerung, gefährliche Unterkünfte), fehlende Nahrungsmittel und einem für Kinder feindlichen Umfeld (Unsicherheit, Gewalt) charakterisieren. Zudem liegen insgesamt Hinweise einer Gewalt-sozialisierung vor.

Zusammenfassend lässt sich sagen, dass die Auswirkungen des desplazamiento por violencia in Kolumbien auf Kinder negativer sowie multipler Art sind und die Kinder mit einer emotionalen Distanzierung sowie einer gewissen Verdrängung auf die erlebten Traumata und die Folgen der Vertreibung reagieren. Letztlich scheint es zur adäquaten Erfassung und Einschätzung der Art und des Ausmaßes der Auswirkungen notwendig zu sein verschiedene Faktoren bei der Analyse zu berücksichtigen.

8 Grenzen der Studie und Ausblick

Grenzen der Studie

Die Wahl eines primär qualitativen Ansatzes zur Exploration der subjektiven Sicht vertriebener Kinder lässt sich eben durch den Gegenstand der Fragestellung begründen. Qualitative Erhebungsmethoden erlauben eine Anpassung an die jeweilige Kultur bzw. an die Stichprobe, ein Vorteil, der für die vorliegende Studie von grundlegender Bedeutung war. Vor allem, weil in Kolumbien sog. indigene Methoden kaum vorliegen und mehrheitlich westliche Diagnostikverfahren angewandt werden, dessen Aussagen aufgrund von Validitätsfragen mit Vorsicht betrachtet werden müssen, und es sich zudem um eine Stichprobe mit besonderen soziokulturellen Merkmalen handelte (Stubbe, 2004). Ein weiterer Vorteil ist darin zu sehen, dass qualitative Interviews, im Gegensatz zu den in dem Gebiet dominanten quantitativen Forschungsansatz, der durch geschlossene Fragen charakterisiert ist; durch die typischen offenen Fragen eine weitaus umfassendere *Exploration* der subjektiven Weltsicht ermöglichen und folglich wertvolle Informationen für die Entwicklung von Interventionen liefern können (Bortz & Döring, 2009).

Der größte Nachteil des gewählten Ansatzes ist in dem geringen Grad der Standardisierung und somit in der mangelnden Repräsentativität der Befunde zu sehen, v.a. weil eine Erhöhung dieser durch die fehlende intersubjektive Validierung der Daten nicht realisiert werden konnte. Zudem wäre es mit Sicherheit für eine bessere Einordnung der Aussagen der Kinder von Vorteil, ein Vorliegen psychischer Störungen diagnostisch abklären zu können.

Aus diesen Gründen wäre für zukünftige Untersuchungen mit einer ähnlichen Fragestellung ein kombinierter Ansatz zu empfehlen, der zum einen die subjektive Sicht durch qualitative Methoden exploriert und diese Befunde zum anderen, anhand quantitativer Methoden absichert.

In Bezug auf die Stichprobe soll an dieser Stelle betont werden, dass es sich um eine sehr kleine (n=13) sowie selektive Stichprobe handelt, die demzufolge nicht als repräsentativ gelten kann. Was die Selektion betrifft muss zudem angemerkt werden, dass innerhalb der Stichprobe verschiedene Verwandtschaftsgrade vorlagen (Geschwister, Cousins).

Verschiedene Aspekte könnten darüber hinaus störend Einfluss genommen haben: Zum einen ist denkbar, dass sich die befragten Kinder durch die Teilnahme an der Untersuchung (Hawthorne-Effekt) sowie der Autorität der Forscherin anders verhalten haben (soziokulturelle Erwünschtheit) und diese Effekte unter Umständen durch die Herkunft der Forscherin verstärkt worden sein könnten. Darüber hinaus hat der soziokulturelle Hintergrund der Stichprobe mit Sicherheit v.a. durch den niedrigen Bildungsgrad und den traumatischen Erfahrungen dieser die Daten beeinflusst. Störende situative Merkmale sind zudem in dem Lärm und den Wetterverhältnissen zu sehen (vgl. 4.5).

Letztlich muss bzgl. der Interviewereffekte auf die geringe Erfahrung der Forscherin im Umgang mit derart traumatisierten Kindern und Erwachsenen sowie allgemein der Forschung im Feld hingewiesen werden.

Ausblick

Durch den gewonnenen Einblick in die Gedanken, Gefühle und Verhaltensweisen der niños desplazados in Bezug auf das desplazamiento in Kolumbien, lassen sich Anregungen für weitere Untersuchungen formulieren. Zum einen sei auf die Bedeutung der (Weiter-) Entwicklung indigener Diagnostik hingewiesen, die einen großen Beitrag für die psychologische Erforschung solcher kultureller Phänomene darstellt. Zum anderen konnte bei der vorliegenden Untersuchung die Wichtigkeit der Familie für diese Kinder herausgearbeitet werden und demzufolge stellt die Untersuchung von Familienbeziehungen bzw. der Bindung von niños desplazados ein wichtiger Forschungsgegenstand dar (vgl. Stichick Betancourt & Tanveer Khan, 2008). Die Autorin geht von der Annahme aus, dass die Bindung dieser Individuen das Resultat einer Wechselwirkung verschiedener Faktoren ist, die folglich wie in Abbildung 8 aussehen könnte. Dementsprechend wird das Bindungsverhalten der Kinder durch die im Zuge des desplazamiento erfahrenen Traumata beeinflusst, wobei ihr hierdurch entstehendes erhöhtes Bedürfnis nach emotionaler Unterstützung durch ihre psychisch belastete Bezugspersonen nicht ausreichend erfüllt werden kann, sie zudem i.d.R. mit der aufgrund des desplazamiento erhöhten häusliche Gewalt konfrontiert werden und durch die familiäre Fragmentierung nicht auf alternative Bezugspersonen zurückgreifen können, die ihnen anstelle ihrer primären Bezugspersonen eine sichere Bindung geben könnten. Es stellt sich notwendigerweise die Frage, was für Folgen eine solche Situation in einer familienbezogenen Kultur wie Kolumbien haben wird, in der die Bindungsfähigkeit von Individuen enorm wichtig ist? Darüber hinaus wirkt sich diese Fähigkeit logischerweise auch auf die soziale Bindungen dieser Individuen aus, die bei dieser Populationsgruppe oft von der erlebten Stigmatisierung beeinträchtigt werden, welches die Frage aufwirft, was ein Verlust der sozialen Bindung in der kolumbianischen Gesellschaft bedeuten könnte?

Neben diesen Empfehlungen für die Forschung, soll an dieser Stelle auf das dringliche Bedürfnis der Schulung von Lehrern hingewiesen werden, die an ihren Schulen niños desplazados haben, v.a. weil die Schule für diese Kinder einen sehr wichtigen Ort und eine Möglichkeit darstellt eine bessere Zukunft zu erreichen. Neben der Schulung von den Dozenten stellt die Entwicklung pädagogischer und psychosozialer Konzepte sowie v.a. ihre Anwendung für diese Kinder aber eine prioritäre Angelegenheit dar, um diesen tatsächlich die Voraussetzungen für eine bessere Zukunft zu ermöglichen.

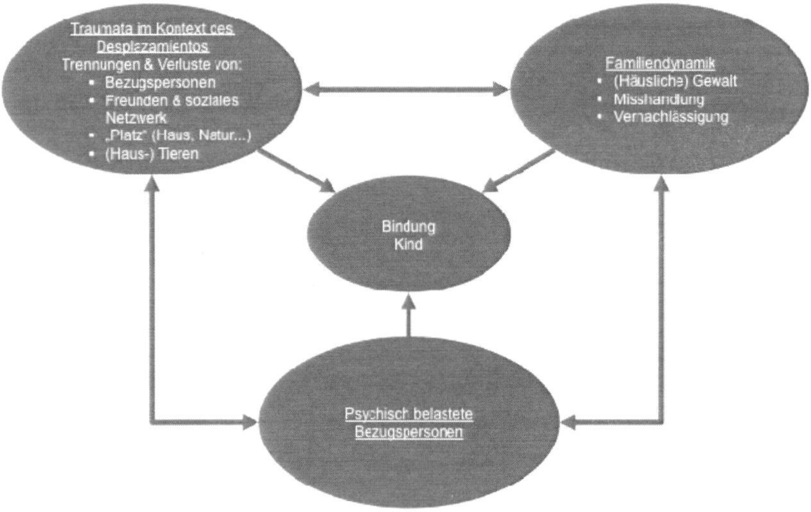

Abbildung 8 Bindungsmodell bei vertriebenen Kindern in Kolumbien

9 Literaturverzeichnis

Abello, R., Amar, J., Botto, A., Carrillo, R., Castro, Y., & Linares, E. (2001). Efectos de la violencia política sobre las emociones de ira, miedo y ansiedad en niños colombianos de 11 y 12 años. *Avances en psicología clínica latinoamericana , 19*, 67-82.

Adam, H. (2005). Psychische Belastung von Migrantenkindern. *Praxis der Rechtspsychologie , 15* (1), 58-67.

Ahearn, F. L. (2000). Psychosocial Wellness: Methodological Approaches to the Study of Refugees. In F. L. Ahearn, *Psychosocial wellness of refugees : issues in qualitative and quantitative research.* (pp. 3-23). New York: Berghahn Books.

Ajdukovic, M., & Ajdukovic, D. (1993). Psychological well-being of refugee children. *Child Abuse & Neglect , 17*, 843-854.

Albores-Gallo, L., Lara-Muñoz, C., Esperón-Vargas, C., Cárdenas Zetina, J. A., Pérez Soriano, A. M., & Villanueva Colin, G. (2007). Validez y fiabilidad del CBCL/6-18. Incluye las escalas del DSM. *Actas Españoles de Psiquiatría , 35* (6), 393-399.

Amar Amar, J., & Berdugo de Gómez, M. (2006). Vínculos de apego en niños víctimas de la violencia intrafamiliar. *Psicología desde el Caribe. Universidad del Norte.* (18), 1-22.

Andrade Truyol, D. B., & Alvarez, B. (2000). "Esta guerra no es nuestra..y la estamos perdiendo". In V. Autoren, C. M. Barona de Ayerbe, & S. L. Franky Calvo (Eds.), *"Esta guerra no es nuestra" Niños y desplazamiento Forzado en Colombia.* (pp. 36-65). Bogotá, Colombia: CODHES-UNICEF.

Arias, F. J., & Ruiz Ceballos, S. (2000). Impacto psicosocial del desplazamiento forzado en jóvenes. "Construyendo en Colombia nuevas formas de esperanza.". In M. N. Bello, E. M. Cardinal, & F. J. Arias, *Efectos psicosociales y culturales del desplazamiento* (pp. S. 183-208). Bogotá: Unibiblios.

Baquero, H., Faillace, M., Vanegas, C., Salas, S., & Cordero, C. (2005). Impacto biopsicosocial del desplazamiento forzado en una población menor de 12 años del “asentamiento kilómetro 7", Barranquilla. Hospital Universidad del Norte, Hospital Niño de Jesús. Barranquilla, 2003. *Salud Uninorte , 20* (1-2), 30-44.

Becker, E. (2006). Posttraumatische Belastungsstörung. In H.-U. Wittchen, & J. Hoyer, *Klinische Psychologie & Psychotherapie* (pp. 823-839). Heidelberg: Springer Medizin Verlag.

Bello Albarracín, M. N., Mantilla Castellanos, L., Mosquero Rosero, C., & Camelo Fisco, E. I. (2000). *Relatos de la violencia. Impactos del desplazamiento forzado en la niñez y la juventud.* Bogotá: Unibiblios; Fundación Amor.

Bello, M. N. (2000). Narrativas alternativas: rutas para reconstruir la identidad. In M. N. Bello, E. M. Cardinal, & F. J. Arias, *Efectos psicosociales y culturales del desplazamiento.* (pp. 111-126). Bogotá: Unibiblios.

Bello, M. N., Martín Cardinal, E., & Arias, F. J. (2000). *Efectos psicosociales y culturales del desplazamiento.* Bogotá: Unibiblios; Corporación Avre; Fundación Dos Mundos.

Berry, J. W. (1989). Imposed etics-emics-derived etics: the operationalization of a compelling idea. *International Journal of Psychology , 24* (6), 721-735.

Bortz, J., & Döring, N. (2009). *Forschungsmethoden und Evaluation für Human- und Sozialwissenschaftler* (4. überarbeitete Auflage). Heidelberg: Springer Verlag Medizin.

Brisch, K. H. (2010). *Bindungsstörungen. Von der Bindungstheorie zur Therapie.* (10. Auflage). Stuttgart: Klett-Cotta.

Bronfenbrenner, U. (2005). Interacting Systems in Human Development. Research Paradigms: Present and Future (1988). In U. Bronfenbrenner, *Making human beings human: bioecological perspectives on human development* (pp. 67-93). Thousand Oaks: Sage Publications.

Cárdenas Medina, M. A., & Gutiérrez Espalza, A. F. (2004). *Caracterización del trastorno de estrs postraumático en población infantil en condición de desplazamiento asentada en el municipio de Piedecuesta.* Unveröffentliche Abschlussarbeit, Universidad Autónoma de Bucaramanga.

Camilo, G. A. (2000). Impacto psicológico del desplazamiento forzoso: Estrategia de intervención. In Bello, M. Nubia, Cardinal, E. Martín, & F. J. Arias, *Efectos psicosociales y culturales del desplazamiento* (pp. 30-31). Bogotá: Unibiblios.

Campo Rodicio, J. L. (2000). Los niños y las niñas en situación de desplazamiento: una miradad desde su propia dignidad. In M. N. Bello, E. M. Cardinal, & F. J. Arias, *Efectos psicosociales y culturales del desplazamiento.* (pp. 229-236). Bogotá: Unibiblios.

Corman, L. (1967). *El Test del Dibujo de la Familia en la práctica médico-pedagógica.* (I. I. Acacia, Trans.) Buenos Aires: Kapelusz.

Correa, C., & Rueda, D. (2000). La barbarie irracional de la guerra: El desplazamiento. In M. N. Bello, E. M. Cardinal, & F. J. Arias, *Efectos psicosociales y culturales del desplazamiento* (pp. 63-83). Bogotá: Unibiblios.

Elbedour, S., Ten Bensel, R., & Bastien, D. (1993). Ecological integrated model of children of war: individual and social psychology. *Child Abuse & Neglect , 17* (6), 805-819.

Gasteiger-Klicpera, B. (2009). Exkurs: Psychische Folgen familiärer Gewalt und Vernachlässigung. In H. Julius, B. Gasteiger-Klicpera, & R. Kißgen, *Bindung im Kindesalter* (pp. 27-37). Göttingen: Hogrefe Verlag.

Grajales, C. (1999). *El dolor oculto de la infancia.* Bogotá: UNICEF Colombia.

IDMC; NRC. (2009). *Colombia: New displacement continues, response still ineffective.* Genf: Internal Displacement Monitoring Centre; Norwegian Refugee Council.

IDMC; NRC. (2011). *Colombia: Property restitution in sight but integration still distant. A profile of the internal displacement situation.* Genf: Internal Displacement Monitoring Centre; Norwegian Refugee Council.

IDMC; NRC. (2012). *Global Overview 2011. People internally displaced by conflict and violence.* Genf: Internal Displacement Monitoring Centre; Norwegian Refugee Council.

Joshi, P. T., & O'Donnell, D. A. (2003). Consequences of Child Exposure to War and Terrorism. *Clinical Child and Family Psychology Review , 6* (4), 275-292.

Kliewer, W., Murrelle, L., Mejia, R., Torres de, Y., & Angold, A. (2001). Exposure to violence against a family member and internalizing symptoms in Colombian adolescents. *Journal of Consulting & Clinical Psychology , 69* (6), 971-982.

Lennertz, I. (2006). Bindungsmuster bei Flüchtlingskindern. Psychoanalyse, Sozial- und Neurowissenschaften im Dialog. In M. Leuzinger-Bohleber, R. Haubl, & M. Brumlik, *Bindung, Trauma und soziale Gewalt. Psychoanalyse, Sozial- und Neurowissenschaften im Dialog.* (pp. 248-263). Göttingen: Vandenhoeck & Ruprecht.

Lindert, J. (2010). Traumatische Ereignisse bei Migranten und ihre Auswirkungen. In T. Hegemann, & R. Salman, *Handbuch Transkulturelle Psychiatrie.* (pp. 383-397). Bonn: Psychiatrie-Verlag.

Lozano Gómez, L. M. (2009). Impacto psicosocial del fenómeno del desplazamiento en las familias campesinas de la región central del Valle del Cauca. Colombia. Universidad de La Habana. Facultado de Psicología (Dissertation) - Ciudad de La Habana: Editorial Universitaria Cuba.

Luthar, S., Cicchetti, D., & Becker, B. (2000). The Construct of Resilience: A Critical Evaluation and Guidelines for Future Work. *Child Development , 71* (3), 543-562.

Maldonado Guerrero, L. F. (2000). Niñez, ser social y desplazamiento forzado. In Bello, M. Nubia, Cardinal, E. Martín, & F. J. Arias, *Efectos psicosociales y culturales del desplazamiento.* (pp. 137-162). Bogotá: Unibiblios.

Mayring, P. (2010). *Qualitative Inhaltsanalyse. Grundlagen und Techniken.* (11., aktualisierte und überarbeitete Auflage). Weinheim und Basel: Beltz.

Medicos Sin Fronteras . (2010). *Tres veces víctimas: Víctimas de la violencia, el silencio y el abandono. Conflicto armado y salud mental en el departamento de Caquetá, Colombia.* Medicos Sin Fronteras.

Meyers Lexikonverlag. (1986). *Meyers kleines Lexikon Psychologie.* (K.-H. Ahlheim, Ed.) Mannheim; Wien; Zürich: Bibliographisches Institut.

Mooney, E. (2005). The concept of internal displacement and the case for internally displaced persons as a category of concern. *Refugee Survey Quarterly , 24* (3), 9-26.

Moreno Luna, A. P., & Pinto Ariza, L. D. (2004). *Aspectos dinámicos del duelo en un grupo de niños y niñas entre 8 y 15 años de edad que se hallan en situación de desplazamiento en la ciudad de Bucaramanga.* Unveröffentlichte Abschlussarbeit, Universidad Autónoma de Bucaramanga.

Navia, M. I., & Solano, O. (2009). *Desplazamiento forzado e impactos en el ámbito psicosocial y en la salud mental. Un reto y una oportunidad para la reparación.* Bogotá: Corporación AVRE, Fundación DOS MUNDOS.

Oerter, R., & Montada, L. (2002). *Entwicklungspsychologie* (5., vollständig überarbeitete Auflage ed.). Weinheim: Beltz.

Palacio, J., Abello, R., Madariaga, C., & Sabatier, C. (1999). Estrés post-traumático y resistencia psicológica en jóvenes desplazados. *Investigación y Desarollo* (10), 16-29.

Pérez-Olmos, I., Fernández-Piñeres, P. E., & Rodado-Fuentes, S. (2005). Prevalencia del Trastorno por Estrés Postraumático por la Guerra, en Niños de Cundinamarca, Colombia. *Revista salud pública , 7* (3), 268-280.

Quintero Agudelo, L. F. (n.d.). Efectos psicosociales en la infancia desplazada. ¿A quien corresponde su atención? Bogotá, Kolumbien.

Rebolledo, O. A. (2000). La influencia de la violencia en las representaciones que los niños tienen del espacio social: un estudio de dos casos trans-culturales entre Montería (Colombia) y Belfast (Irlanda del Norte). In M. N. Bello, E. M. Cardinal, & F. J. Arias, *Efectos psicosociales y culturales del desplazamiento* (pp. 209-227). Bogotá: Unibiblos.

Rodríguez, M. C., Díaz, P., Niño, S., Samudio, M., & Silva, M. (2005). El Desplazamiento como Generador de Crisis: Un Estudio en Adultos y Adolescentes. *Terapia Psicológica , 23* (2), 33-43.

Rozo, J. (2000). Efectos del desplazamiento y metodologías de intervención. In Bello, M. Nubia, Cardinal, E. Martín, & F. J. Arias, *Efectos psicosociales y culturales del desplazamiento* (pp. 83-98). Bogotá: Unibiblios.

Rutter, M. (1981). Stress, coping and development: some issues and some questions. *Journal of Child Psychology and Psychiatry , 22* (4), 323-356.

Sabatier, C., Palacio Sañudo, J. E., & Tousignant, M. (2010). Impact de la violence politique sur la santé mentale des jeunes adolescents en Colombie. Analyse des facteurs de risque et de protection. *Avances en Psicología Latinoamericana , 2* (28), 153-177.

Sadlier, K. (1997). Exposition chronique des enfants à la violence socio-politique. *Psychologie Française , 42* (3), 229-236.

Schleiffer, R. (2009). Konsequenzen unsicherer Bindungsqualität: Verhaltensauffälligkeiten und Schulleistungsprobleme. In H. Julius, B. Gasteiger-Klicpera, & R. Kißgen, *Bindung im Kindesalter* (pp. 39-63). Göttingen: Hogrefe Verlag.

Schmidt-Denter, U. (2005). *Soziale Beziehungen im Lebenslauf* (4., vollständig überarbeitete Auflage). Weinheim, Basel: Beltz Verlag.

Steinhausen, H.-C. (2010). Ätiologie psychischer Störungen bei Kindern und Jugendlichen. In H.-C. Steinhausen, *Psychische Störungen bei Kindern und Jugendlichen - Lehrbuch der Kinder- und Jugendpsychiatrie und -psychotherapie* (7., bearbeitete und erweiterte Auflage ed., pp. 37-53). München: Elsevier Urban & Fischer.

Stichick Betancourt, T., & Tanveer Khan, K. (2008). The mental health of children affected by armed conflict: Protective processes and pathways to resilience. *International Review of Psychiatry , 20* (3), 317-328.

Stubbe, H. (2005). *Lexikon der Ethnopsychologie und Transkulturellen Psychologie.* Frankfurt am Main, London: IKO Verlag für Interkulturelle Kommunikation.

Stubbe, H. (2004). Psychodiagnostik in fremden Kulturen. In H. Stubbe, & W. Follmann, *Interventionen in der Angewandten Psychologie. Festschrift zum 60. Geburtstag von Egon Stephan.* (pp. 105-129). Aachen: Shaker Verlag.

Padgett, T., & Otis, J. (23. April 2012). Colombia Rising. *TIME Magazine* , S. 14-19.

Walton, J. R., Nuttall, R. L., & Vasquez Nutall, E. (1997). The impact of war on the mental health of children: a salvadorean study. *Child Abuse & Neglect , 21* (8), 737-749.

Internetquellen

Acción Social. (2012). *Departamento para la Prosperidad Social.* Retrieved May 16, 2012 from http://www.dps.gov.co/contenido/contenido.aspx?catID=621&conID=556&pagID=838

Andrade Salazar, J. A. (2010). Mujeres , niños y niñas, víctimas mayoritarias del desplazamiento forzado. *Revista Científica Electrónica de Ciencias Humanas , 16*, 28-53. Retrieved April 22, 2011 from http://www.revistaorbis.org.ve

CIA. (2012). *Central Intelligence Agency.* Retrieved May 25, 2012 from The world factbook: https://www.cia.gov/library/publications/the-world-factbook/geos/co.html

DANE. (2012). *Departamento Administrativo Nacional de Estadistica.* Retrieved May, 27 2012 from http://www.dane.gov.co/

IDMC. (2012). *Internal Displacement Monitoring Centre.* Retrieved May 15, 2012 from http://www.internal-displacement.org/8025708F004D404D/(httpPages)/CC32D8C34EF93C88802570F800517610?OpenDocument

IDMC. (2012). *Internal Displacement Monitoring Centre*. Retrieved May 15, 2012 from http://www.internal-displacement.org/8025708F004D404D/%28httpPages%29/6E780F0E0FE6BA1AC1257214003D980E?OpenDocument

IDMC. (2012). *Internal Displacement Monitoring Centre*. Abgerufen am 16. 05 2012 von http://www.internal-displacement.org/8025708F004CFA06/(httpPages)/6A8C60A4FEC49F99C1257537005D8B3F?OpenDocument&country=Colombia&view=country

International Human Development Indicators. (2012). *Colombia - Country profile of human development indicators*. Retrieved May 25, 2012 from http://hdrstats.undp.org/en/countries/profiles/COL.html

Municipio de Bucaramanga. (2012). Retrieved May 16, 2012 from http://www.bucaramanga.gov.co/Contenido.aspx?Param=8

Silove, D. (1999). The Psychosocial Effects of Torture, Mass Human Rights Violations, and Refugee Trauma: Toward an Integrated Conceptual Framework. *The Journal of Nervous & Mental Disease , 187* (4), 200-207. Retrieved May 2, 2012, from the PsycINFO Database.

UNHCR. (n.d.). *http://www.unhcr.org*. Retrieved March, 30, 2012 from http://www.unhcr.org/422dd5714.html

Abbildungsverzeichnis

Tabellenverzeichnis

Anhang

Kurzportrait zu Kolumbien

Landeskunde

Die Republik Kolumbiens befindet sich im Norden Südamerikas und grenzt an Brasilien, Ecuador, Panama, Peru sowie Venezuela und stellt das einzige Land Südamerikas dar, welches Küstenlinien sowohl zum Pazifischen Ozean als auch zum Karibischen Meer besitzt. Kolumbien erstreckt sich über eine Fläche von 1.138.910 km² und hat eine Bevölkerung von 45.239.079 Menschen. Die Hauptstadt ist Bogotá (8.262 Millionen), daneben sind die größten Städte Kolumbiens Medellin (3.497 Millionen), Cali (2.352 Millionen), Barranquilla (1.836 Millionen) und Bucaramanga (1.065 Millionen). Die offizielle Amtssprache ist Spanisch und 90% der Kolumbianer gehören der römisch-katholischen Kirche an.

Die kolumbianische Bevölkerung besteht aus verschiedenen ethnischen Gruppen: Mestizen (58%), Weißen (20%), Mulatten (14%), Schwarzen (*Afrokolumbianern,* 4%), *Zambos* (Mischung aus Schwarzen und Indigenen, 3%) und Indigenen (1%). Mit einem Durchschnittsalter von 28 Jahren handelt es sich um eine recht junge Bevölkerung (CIA, 2012).

Mit einer durchschnittlichen Lebenserwartung von 73.7 Jahren, einem durchschnittlich erwarteten Schulbesuch von 6.67 Jahren sowie einem Pro-Kopf-Einkommen von 8315 US-Dollar pro Jahr erreichte Kolumbien im Jahr 2011 einen *Human Development Index* (HDI) von 0.710. Das entspricht Platz 87 unter 187 bewerteten Ländern (International Human Development Indicators, 2012). Der Bevölkerungsanteil, der unterhalb der Armutsgrenze lebt, liegt bei ca. 37.2%. Der Großteil der Bevölkerung (90.4%) über 15 Jahre kann schreiben und lesen. Die Präsidialrepublik wird seit dem 7. August 2010 von dem ehemaligen Verteidigungsminister von Alvaro Úribe, Juan Manual Santos Calderón, geführt und ist in 32 Departments sowie einem Hauptstadtdistrikt aufgeteilt.

Ungefähr ein Zehntel der kolumbianischen Bevölkerung (ca. 5.3 Millionen Menschen) gilt als vertrieben – Internally Displaced Persons (IDPs). Die Hälfte von ihnen ist unter 18 Jahren alt (CODHES in IDMC, 2011). Zudem besitzt Kolumbien weltweit den größten Koka-Anbau, ist der weltweit führende Produzent von Koka-Produkten und versorgt fast den gesamten US-amerikanischen sowie den Großteil weiterer internationaler Drogenmärkte mit Kokain (CIA, 2012).

Der conflicto armado

Die Grundursache für den conflicto armado, dem bewaffneten Konflikt, ist in der ungleichen Landverteilung Kolumbiens zu sehen. Der kolumbianische Staat ist seit seiner Unabhängigkeit von Spanien im Jahre 1810 nie ein wirklich starker Staat gewesen und dementsprechend liegen große Teile des Landes nach wie vor außer Reichweite der staatlichen Institutionen. Die machtvolle regionale und nationale Oligarchie hat die Schwäche der staatlichen Strukturen zu ihrem Vorteil genutzt und Widerstand gegen die Stärkung des Staates geleistet (UNDP, September 2003; zitiert nach IDMC, 2009).

In den späten 1840igern formten diese Eliten die *Liberale* und die *Konservative Partei*, die seitdem über den Großteil der staatlichen Strukturen bestimmen sowie das öffentliche Leben beherrschen. Seit ihrer Gründung bekämpften sich Liberale und Konservative teilweise mit sehr viel Gewalt. Der gewalttätigste Konflikt dieser beiden Parteien ist in dem *Krieg der Tausend Tage* von 1899 bis 1902 zu sehen, der zum Tod von etwa 100.000 Menschen führte (Livingstone, 2003; zitiert nach IDMC, 2009).

Die Bedeutung des Landbesitzes für die Eliten und das damit verbundene Prestige führte in vielen Fällen zu einer gewaltsamen Unterdrückung von sozialen Bewegungen, Führern der Gewerkschaft und von Bauern sowie politischen Dissidenten, was in Völkerwanderungen vom zentralen Hochland in die Peripherien resultierte und als Vorreiter der aktuellen Migrationsbewegungen der Binnenvertriebenen in Kolumbien gelten kann (IMDC, 2009).

Bis ins späte 20. Jahrhundert war der Kolonisationsprozess noch nicht komplett vollzogen, und somit bot das zur Verfügung stehende unbesiedelte Land den marginalisierten, verfolgten oder ausgegliederten Bevölkerungsgruppen, eine politische, soziale und wirtschaftliche Sicherheit (IMDC, 2009).

Im Jahre 1948 löste die Ermordung des damaligen Präsidentschaftskandidaten der Liberalen Partei eine massive Welle politischer Gewalt aus. Im Rahmen dieser Krisensituation, die als *La Violenca* bezeichnet wird, starben ungefähr 200.000 Menschen und Tausende wurden von ihren Heimatsorten vertrieben. La Violencia fand ihr Ende durch das Erreichen einer Machtverteilungsvereinbarung zwischen den beiden Parteien sowie der Gründung der *Nationalen Front* im Jahre 1957. Die Nationale Front, die bis 1974 anhielt, stellte eine Weiterführung der bis zu dem Zeitpunkt herrschenden politischen und wirtschaftlichen Vorherrschaft der Eliten dar (IMDC, 2009).

Heutzutage gilt Kolumbien weltweit zu den Ländern mit der ungleichmäßigsten Verteilung des Landbesitzes. Dementsprechend ist 61% des ländlichen Grundbesitzes in Händen von nur 0.4% der gesamten Landbesitzer. Die Lage der Internally Displaced Persons (IDPs) in Kolumbien muss im historischen Kontext der Ausdehnung des Landesbesitzes durch die Eliten sowie eines landwirtschaftlichen und strukturellen Problems gesehen werden, welches seit 1970 durch den Drogenhandel und die Anwesenheit von internationalen Kooperationen verkompliziert wird. Darüber hinaus steht den IDPs heute, im Gegensatz zu früher, weniger unbesiedeltes Land als Alternative zur Verfügung (IMDC, 2009).

Die Guerilla-Gruppierungen, die sich aktuell bekämpfen, sind größtenteils in Erwiderung auf La Violencia der 50iger Jahren, der Unterdrückung der Nationalen Front in den 60iger Jahren sowie den strukturellen Ungleichheiten entstanden. Viele der Gründer der *Fuerzas Armadas Revolucionarias de Colombia* (FARC) waren Menschen, die vor der Gewalt der Partei flohen (Separatisten) und sich in sog. unabhängigen Republiken niederließen (Cundinamarca, Tolima und Huila), von wo sie aber in den 1960igern durch militärische Angriffe weiter in die östlichen Ebenen Kolumbiens sowie in den Amazonas vertrieben wurden. Aufgrund dieser Umstände fanden und finden teils immer noch die FARC Rückhalt in der Bevölkerung (Lair, 2000 in IDMC, 2009). Im massiven Anbau der Kokapflanze und der Produktion von Kokain in den 1980igern sowie den 1990igern ist ein weiterer Faktor für die Aufrechterhaltung des bewaffneten Konfliktes zu sehen. Koka bedeutete eine radikale Veränderung der wirtschaftlichen Lage der Bauern und stärkte gleichzeitig die Guerilla, die gegen Schutzgeldzahlungen die Drogenaktivitäten ermöglichten. Im Jahre 1985 unterstützten die FARC die Gründung der politischen Partei *Union Patriotica* als Antwort auf die Versuche der damaligen Regierung mit der Guerilla Friedensverhandlungen zu führen. Allerdings wurden in den darauffolgenden Jahren bis zu 3000 Parteimitglieder- oder Anhänger vom Paramilitar ermordet, welches von einigen Regierungsmitgliedern unterstützt wurde und dementsprechend schwand der Glaube der Guerilla an Friedensverhandlungen mit der Regierung (IDMC, 2009). Die andere bedeutende Guerilla-Gruppierung, das *Ejército Nacional de Liberación* (ELN), entstand primär als Antwort der Studenten, Anhänger der Gewerkschaft und der Mittelklasse auf die politische und wirtschaftliche Ausgrenzung durch die Nationale Front. Beide linken Guerilla-Gruppierungen erheben den Anspruch für politische und soziale Gerechtigkeit zu kämpfen. Durch die von ihnen angewandten brutalen Methoden (Massaker, Ermordungen, Folter, Erpressung, erzwungene Rekrutierung usw.) sowie ihre Verwicklung in den Drogenhandel und der daraus resultierenden Veränderung ihrer Ideologie haben sie jedoch an politischem Einfluss verloren. Die Schwächung der Beziehung zwischen den Guerilla-Gruppierungen und den Kokabauern hat Platz für das Paramilitär gemacht, welches die Guerilla als Autoritätsinstanz ersetzt hat und zu desplazamiento por violencia und Menschenrechtsverletzungen führt. Dies liegt primär daran, dass sich die Guerilla-Gruppierungen an der Bevölkerung rächen, die in den vom Gegner kontrollierten Gegenden bleiben (IDMC, 2009).

Der Ursprung des rechtsgerichteten Paramilitärs als fester Bestandteil der Aufstandsbekämpfung durch das Militär, liegt ebenfalls in der Gewalt der 1950iger. Das Paramilitär liefert(e) dem Militär und somit der Regierung eine brutale und effiziente Unterstützung bei der Erkennung und Verfolgung von Guerilla-Anhängern sowie die Möglichkeit, sich von den vom Staat begangenen Verbrechen loszulösen, indem die *schmutzige Arbeit* dem Paramilitär überlassen wurde (bzw. wird). Dementsprechend hat das Paramilitär, das für seine Brutalität berüchtigt ist, in den letzten Jahren die Mehrzahl an Menschenrechtsverletzungen begangen (u.a. Massaker, Entführungen, Erpressungen, Folter, massive Vertreibung) (CERAC, 3 November 2005; in IDMC, 2009). Die Einführung des Demobilisierungsprozessen des Paramilitars im Jahre 2002 hat, neben der Demobilisierung von mehr als 31.000 Soldaten bis zum Jahre 2006, auch zur Entstehung neuer bewaffneter Gruppierungen geführt, die teilweise von ehemaligen Soldaten des Paramilitärs angeführt werden und in gewisser Weise die vom Paramilitär ausgeübte Gewalt weiterführen (CIA, 2012).

Im Jahre 2002 wurde für die von Álvaro Úribe geführte Rechtskoalition gestimmt, die nach dem Scheitern der Friedensverhandlungen zwischen der vorherigen Staatsmacht und der dominanten Guerilla-Gruppierungen ein hartes Programm zur Wiederherstellung der Autorität der Regierung im ganzen Land vorsah; 2006 wurde er wiedergewählt. Diese *Demokratische Sicherheitspolitik* (2006-2009) von Álvaro Úribe ging mit einer Stärkung des Militärs sowie der Polizei und einer größeren Offensive bei der Bekämpfung der aufständischen Gruppierungen einher. Die Politik hatte durch ihren militärischen Charakter negative Auswirkungen auf die Menschenrechte, auf das desplazamiento und auf die Beziehungen zu den Nachbarländern (IDMC, 2009). Allerdings führte diese Politik auch zur Schwächung der FARC, so wurden bspw. einige ihrer bedeutsamsten Anführer ermordet und dementsprechend ist ihre Anzahl seitdem von ca. 20.000 auf 8000 Mitglieder gesunken (Padgett & Otis, 2012).

Álvaro Úribe wurde 2010 von seinem ehemaligen Verteidigungsminister Juan Manual Santos Calderón abgelöst, der bis dato das *Opfergesetz* sowie das *Landrückgabegesetz* eingeführt hat und unter dessen Regierung eine Verbesserung der Beziehungen zu den Nachbarländern Kolumbiens beobachtet worden ist.

Glossar

Desplazamiento	Vertreibung - Binnenvertreibung
Desplazamiento forzado	Erzwungene (Binnen-)Vertreibung
Desplazamiento por violencia	(Binnen-)Vertreibung auf Grund von Gewalt
Niños desplazados	(Binnen-)Vertriebene Kinder
Desplazado - desplazados	Binnenvertriebener – Binnenvertriebene Binnenflüchtling – Binnenflüchtlinge
El Ejército	Die Armee – Das Militär
Soldados	Soldaten
La Guerrilla	Die Guerilla
Guerilleros	Guerillakämpfer
Los Paramilitares	Das Paramilitär
Parracos (ugs.)	Soldaten beim Paramilitär
Conflicto armado	Bewaffneter Konflikt
Empleada	Haushaltshilfe
Campesino - campesina	Bauer - Bäuerin
Invasión	Unrechtmäßige Landbesetzung mit dem Ziel, Slumhütten darauf zu bauen

Interviewleitfaden

Vorstellung

Hallo (Name des Kindes), wie geht es Dir?

Wenn Du eine meiner Fragen nicht verstehst, dann sag mir bitte „ich verstehe nicht". Wenn Du mir das sagen solltest, dann werde ich versuchen mich besser auszudrücken. Ist das in Ordnung für Dich?

Ich möchte, dass Du mir ein bisschen über Dich erzählst, um Dich besser kennen zu lernen! Bitte denke daran, dass ich Dich kennenlernen möchte und Deine Meinung hören möchte. Das heißt, dass es weder richtige noch falsche Antworten gibt, das hier ist keine Prüfung.

Einleitungsfragen

Interessen

Erzähl mir mal von den Sachen, die Dir gefallen. Was für Freizeitbeschäftigungen oder Interessen hast Du? Oder was machst Du gerne in Deiner Freizeit?

Was machst Du, wenn Du nicht in der Schule bist? Am Wochenende, am Vormittag oder nach der Schule?

Schule

Erzähl mir mal von der Schule. (Wie läuft ein normaler Tag in der Schule ab?)

Gehst Du gerne zur Schule? Warum?

Fragen zum desplazamiento

Erinnerst Du Dich an den Ort, an dem Du/Ihr vorher gewohnt habt?

Wie hieß der Ort?

Was für Erinnerungen hast Du?

Wie hast/habt Du/Ihr dort gewohnt? Könntest Du mir bitte Dein Haus beschreiben?

> Wie war das Haus, die Finca etc. in/auf dem/der Ihr wohntet? (Wie viele Zimmer, Bad, Licht/Strom, Fernseher, Telefon, Wasser/fließendes Wasser, Tiere, Essen/Mahlzeiten)
>
> Wie war das (Stadt-)viertel in dem Du/Ihr gewohnt habt?

Mit wem hast Du zusammengewohnt/zusammengelebt?

Und was hast Du dort so gemacht? (Freizeitbeschäftigungen, Schule)

Hast Du gerne dort gewohnt?

Wieso meinst Du seid Ihr hierhin gezogen? Weißt Du wieso Ihr hierher gekommen seid?

Wie alt warst Du?

Was ist aus dem Haus/der Finca etc. geworden?

Gab es wo Du gewohnt hast *Guerilla*? *Paramilitares*? *Ejército*? Erzähl mir, was Dir dazu einfällt!

Hast Du diese gesehen? Haben diese mit Dir oder mit Deiner Familie gesprochen?

Ist irgendetwas vorgefallen? Kannst Du mir erzählen wie das war?

Wie hast Du dich dabei gefühlt?

Was denkst Du über die *Guerilla*? Die *Paramilitares*? Das *Ejército*?

Weißt Du was der *conflicto armado* ist? Was hältst Du von der Gewalt hier in Kolumbien?

Erinnerst Du dich daran wie das war, als Ihr von dort weggegangen seid? Kannst Du mir erzählen, wie das war?

Wie hast Du dich gefühlt, als Ihr hierhergekommen seid (Angst, Traurigkeit, Schmerzen, Wut etc.)?

Wer ist mit Dir hergekommen? Mit wem bist Du hergekommen?

Was vermisst Du am meisten?

Würdest Du gerne zurückkehren?

Fragen zur Lebenssituation

Zuhause

Erzähl mir von Deinem Zuhause! Beschreibst Du mir Dein Haus (Anzahl der Zimmer, Bad, Licht/Strom, Fernseher, Telefon, Wasser/fließendes Wasser, Tiere, Mahlzeiten)?

Ist es anders als Dein altes Zuhause? Was ist anders?

Wer wohnt mit Dir zu Hause? (*an nachfolgende Frage anpassen!)*

Wie fühlst Du Dich bei Dir Zuhause? Erzähl mal..

Wie verstehen sich Deine Eltern?

Wie verstehst Du Dich mit Deinen Eltern?

Wie verstehst Du Dich mit Deinen Geschwistern?

Kommt es zu Streitigkeiten, Schreiereien, Schlägen?

Was passiert, wenn Du in Schwierigkeiten gerätst?
Wie wirst Du bestraft?

Trinken Deine Eltern Alkohol?
Wie oft?
An welchen Tagen in der Woche?
Hast Du schon einmal Alkohol probiert? (Drogen?)
Wird bei Euch zu Hause gemeinsam gegessen? Wie oft am Tag wird bei Euch zu Hause gegessen? Gibt es Tage, an denen Ihr nicht esst?

Verbringst Du viel Zeit alleine (zu Hause, auf der Straße)?

Beschreibst Du mir das Stadtviertel, in dem Du wohnst?

Wohnst Du gerne dort?

Was gefällt Dir am Besten?

Was gefällt Dir am Wenigsten?

Freundschaften

(Hast du Freunde?) Erzähl mir von Deinen Freunden!

Fragen zu Gefühlen: Gemütszustand

Wie hast Du Dich in letzter Zeit gefühlt? Wie geht es Dir (Freude, Angst, Fröhlichkeit, Kummer/Beklemmung, Traurigkeit, Schmerzen, Wut etc.)?

Fast jede/jeder fühlt sich manchmal glücklich. Was macht Dich glücklich?

Fast jede/jeder fühlt sich manchmal traurig. Was macht Dich traurig?

Ängste und Sorgen

Die meisten Kinder erschrecken sich manchmal vor Dingen. Was für Dinge jagen Dir einen Schrecken ein?

Gibt es etwas, das Dir große Sorgen bereitet? Erzähl mal..

Erfahrungen

Was ist das Beste, das Dir je passiert ist? Erzähl mal..

Was ist das Schlimmste, das Dir je passiert ist? Erzähl mal..

Fragen zur Identität

Manchmal verliert man etwas oder jemanden und vermisst es oder denjenigen sehr. Hast Du das Gefühl, dass Du schon einmal etwas oder jemanden verloren hast?

Was löst das für Gefühle bei Dir aus? Wie fühlst Du dich deshalb?

Weißt Du, was *desplazado* bedeutet? Was bedeutet das?

Hat Dir jemand schon einmal gesagt, dass Du *desplazado* bist?

Wie fühlst Du dich, wenn Dir jemand sagt, dass Du *desplazado* bist?

Phantasie

Stell Dir vor Du hast drei Wünsche, die auf jeden Fall in Erfüllung gehen. Was würdest Du Dir wünschen?

Abschlussfragen

Gibt es noch irgendetwas, das Du mir gerne über Dich erzählen würdest? Etwas, dass ich über Dich wissen müsste, um Dich gut zu kennen?

Danke, dass Du mir so viele Dinge erzählt hast.

Beobachtungen notieren!

Kodierleitfaden

Kategorie	Definition	Ankerbeispiele	Kodierregeln
1. Trauma und Stressfaktoren *Frage: Erleben Kinder im Zusammenhang mit dem desplazamiento potenziell traumatische Ereignisse und sind sie Faktoren ausgesetzt, die in hohem Maße Stress erzeugen können?*	*Trauma*: „ … potenzielle oder reale Todesbedrohung, ernsthafte Verletzung oder Bedrohung der körperlichen Unversehrtheit bei sich oder anderen" (APA, 1994 zit. nach Becker, 2006, S. 824). Subjektive Erlebnisverarbeitung: Bei Kindern ist diese Traumadefinition weiter als bei Erwachsenen zu fassen, so werden nicht nur die Bedrohlichkeit für Leben und körperliche Integrität, sondern bspw. auch entwicklungsunangemessene sexuelle Handlungen, hierunter gefasst. Darüber hinaus müssen Kinder diese traumatischen Erfahrungen nicht mit Furcht oder Hilflosigkeit erleben (wie Erwachsene), bei ihnen ist oftmals eher ein agitiertes und äußerst irritiertes Verhalten zu erkennen (Steinhausen, 2010, S. 237). *Unterkategorie 1 Trauma: Beispiele Kolumbien* • Desplazamiento, Mord (z.B. von Verwandten, Freunden, Nachbarn), bewaffneter Konflikt, Bedrohung • Beispiele: Folter, Gefangenschaft als Kriegsgefangener oder KZ-Häftling, gewalttätige Überfälle, Vergewaltigung Naturkatastrophen, schwere Unfälle *Unterkategorie 2: Beobachtbare Symptome der PTSB oder negative Emotionen/Reaktionen (unterschiedliche Latenzzeit)* • *Intrusionen* (willentlich schlecht kontrollierbare visuelle Wiedererinnerungen, (Alb-)Träumen und Flashbacks); allerdings kann man bei jüngeren Kinder eher eine repetitive Beschäftigung mit traumatischen Themen im Spiel beobachten, oder ein Handeln und Fühlen, als ob sich das Trauma erneut ereigne. Zudem sind sie enorm durch Hinweise belastet, die an das Trauma erinneren und reagieren allgemein in Bezug auf das Trauma mit Angst- oder Trauerreaktionen. • Reaktion auf Auslöser mit physiologischer Erregung und emotionaler Belastung • *Vermeidung* (aktive Vermeidung internaler und externaler Reize, die der Traumatisierung ähneln: belastungsauslösende Situationen, Aktivitäten, Erinnerungen, Gefühle und Gedanken, Menschen. Unfähigkeit, wichtige Aspekte des Traumas zu erinnern.) • *Übererregung* (Ein- und Durchschlafstörungen, erhöhte Reizbarkeit, Konzentrationsschwierigkeiten, Hypervigilanz, übermäßige Schreckreaktionen) • *emotionale Taubheit* (das Interesse an Dingen, die den Betroffenen vor dem Trauma wichtig waren, ist gemindert; sie fühlen sich von mindestens einem relevanten sozialen Bezug entfremdet und losgelöst; Affektspielraum und Zukunftsperspektive sind eingeschränkt)	*UK1:* „Cuando mataron a mi papá..mera sangre…encontré a mi mamá llorando (*brüchige Stimme*)..y era porque mi papá se habia muerto..lo habian matado."	OK 1-3: Zeitpunkt: *Desplazamiento* und Ereignisse *davor*, die zur Flucht motiviert haben. OK 1 (Trauma): Tod von Familienmitgliedern etc., wenn Kontext traumatisch (bspw. Anwesenheit bei Tod und dieser war gewalttätig (z.B. Mord)), oder wenn das Ereignis an und für sich ein potenzielles Trauma darstellt. → ausschlaggebend: Subjektive Erlebnisverarbeitung *Negative*: Positive Emotionen → zu OK 3 (außer, wenn positive Emotionen im Zusammenhang mit *desplazamiento*) → Wenn keine Erinnerung evtl. Dissoziation!
2. Verlusterfahrung *Frage: Erleben Kinder im Zusammenhang mit dem desplazamiento Verluste?*	Das *Verlieren* von Objekten und Menschen, zu denen das Individuum einen emotionalen Bezug hatte; evtl. in Verbindung mit Trauer. *Trauer*: Allgemein: Eine Form der Reaktion auf einen Person- (Objekt-) Verlust • *Unterkategorie 1: Materielle Verluste* Bsp.: Haus, Spielzeug • *Unterkategorie 2: Emotionale Verluste* Bsp.: Tod/Trennung von Vater, Mutter, Verwandte, Freunde, Haustier(en) • *Unterkategorie 3: Trauerreaktion* Bsp.: Psychische Störungsbilder (Depression, PTSB, Aggressivität (z.B. Rachegelüste) Angststörung), Leugnen, Zurückhaltung, Schweigsamkeit, Verminderung des Spiels und Verschlechterung der Schulleistungen; Vermissen, häufiges Aufzählen..	*Positive* *UK2*: „Mal..porque yo quería mucho a mi papá." „¿Y que es lo que más extrañas?) De allá ya nada..mi papá (traurig)." *Negative*	OK 1-3: Zeitpunkt: *Desplazamiento* und Ereignisse *davor*, die zur Flucht motiviert haben (potenziell traumatische Ereignisse, z.B. Mord von Personen, zu denen die oder der Betroffenen einen emotionalen Bezug hatte) OK 2 (Verlust): Verlust (Tod/Trennung) von Objekten oder Personen, zu denen die oder der Betroffene einen emotionalen Bezug hatte/hat (bspw. Äußern von Gefühlen, die einen Verlust anzeigen „Mal..porque yo quería mucho a mi papá.") Abgrenzung von OK2 (Verlust) und OK8 (Veränderungen in der Familiendynamik)? Beides! (Doppelzählung einer Analyseeinheit hier zulässig, aber unbedingt notieren!)

3. Desplazamiento: Erinnerungen und Emotionen	Jede Art von *Erinnerung oder Emotion* im Zusammenhang mit dem *desplazamiento* und den Ereignissen, die dazu geführt haben (können). → *auch Erzählungen der Eltern* • *Unterkategorie 1: Erinnerungen* (+/-) ○ Bsp.: Herkunftsort (Name etc.); Ereignisse; Personen; Alter bei Flucht; Ort, Wohnsitz • *Unterkategorie 2: Emotionen* (+/-) ○ Bsp.: (negative)Trauer, Angst, Misstrauen, Schuldgefühle; (positive) Erleichterung.. • *Unterkategorie 3: Conflicto armado/Kriegserfahrung* ○ Bsp.: Anwesenheit von Militär, Paramilitär, Guerilla-Gruppierungen/ Meinung über diese und Kontakt mit diesen; Verwicklung mit bewaffneten Gruppen (Vater etc.) • *Unterkategorie 4: Rekrutierungsgefahr* • *Unterkategorie 5: Grund für desplazamiento (*)* ○ Bsp.: Keine Schule am Herkunftsort wegen Unsicherheit etc.	*UK2*: „Con ganas de matarlos..“ *UK3*: „..empezó a trabajar y yo no sabía en que trabajaba y el trabajaba de parraco..por eso lo mataron (leise).“ „Unos vestían de negro y eso..me decían usted conoce a Henry etc.“ *UK4*: „..lleno de parracos, guerrilleros y como mis hermanos empezaban a crecer de pronto los cogían a ellos también pa eso.“ *UK5*: „Porque de pronto por allá por la muerte de mi papá buscaban también a la familia pa matarla..nostros nos venimos porque allí se estaba volviendo muy terrible eso..	OK 1-3: Zeitpunkt: *Desplazamiento* und Ereignisse *davor*, die zur Flucht motiviert haben (potenziell traumatische Ereignisse, z.B. Mord von Personen, zu denen die oder der Betroffene einen emotionalen Bezug hatte). *Explorativ: freie Erzählung der Kinder (auf Nachfrage) über ihre Heimat bzw. über ihren Wohnsitz.*
4. Gefühle und Empfindungen	*Aktuelles Befinden und emotionale Verfassung*: Jede Art von Gefühl oder Empfindung • *Unterkategorie 1*: Was macht sie glücklich? • *Unterkategorie 2*: Was macht sie unglücklich? • *Unterkategorie 3*: Aktuelles Befinden ○ Bsp. positiv: Freude, Glück, Zufriedenheit, positiver Selbstwert ○ Bsp. negativ: Sorgen, Misstrauen, Schmerzen, Leid, Ungewissheit, Gefühle des Verlassenseins, negativer Selbstwert, Angst, Interessenverlust etc. • Unterkategorie 3/3: Gefühlsabstumpfung, Gefühlslosigkeit, emotionale Taubheit (→ Hinweis auf Bindungsstörung)	*UK1*: „Ver a mi mami contenta..“ *UK2*: „Ver a mi mami triste.“ *UK3*: „Pues yo me siento bien..“ “..yo siento que a mi todo lo malo me pasa a mi..“ (Sorgen) „Mi hermano el que está en la carcel..“ *UK3*: (¿Que es lo mejor que te haya pasado alguna vez?) „Nada.“	OK 4-10: Alles *nach* dem *desplazamiento*. Zeitpunkt: *Nach* der Vertreibung (Abgrenzung zu OK 1-3: *vor* der Vertreibung bzw. die Vertreibung).
5. Ausgliederung *Frage: Fühlen sich die Kinder von der Gemeinde bzw. von den Gemeindemitgliedern ausgegliedert?*	Empfinden sie sich als *Opfer von Stigmatisierung und Diskriminierung?* • *Unterkategorie 1*: Werden sie als *desplazados* bezeichnet? • *Unterkategorie 2*: Was empfinden sie dabei? • *Unterkategorie 3*: Positive Freundschaften • *Unterkategorie 4*: Positive Aufnahme von Seiten der Gemeinde oder der Familie?	*Positive* *UK4*: „..hay un tío que nos echa en cara mucho todo entonces mi mami quiere salir de allá“ *Negative* *UK2*: „Y para mi eso es normal.“ *UK4*: „Yo llegué acá y acá me recibieron con los brazos abiertos todos.	OK 4-10: Zeitpunkt: *Nach* der Vertreibung (Abgrenzung zu OK 1-3: *vor* der Vertreibung bzw. die Vertreibung) Zur Abgrenzung: Nur negative Gefühle zählen zu Ausgliederung. → z.B. bei UK2: negative Gefühle
6. Entwurzelung *Frage: Fühlen sich die Kinder entwurzelt?*	*Verlust von Heimatgefühlen/mangelndes oder fehlendes Zugehörigkeitsgefühl* • *Unterkategorie 1*: Häufige Wohnortswechsel/wiederholtes *desplazamiento* • *Unterkategorie 2*: Kulturschock • *Unterkategorie 3*: Fehlen von Zugehörigkeitsgefühlen (Anschluss) ○ Bsp.: (Starkes?) Vermissen von Herkunftsort (Haus, Land, Flüsse, Natur, Familienangehörige, Freunden, Nachbarn, Tieren etc.) • *Unterkategorie 4*: Wohnen die Kinder gerne am neuen Ort? • *Unterkategorie 5*: Würden die Kinder gerne zurückkehren (wenn ja)?	*Positive* *UK4*: „A mi me parece bien el barrio. A mi me gusta este barrio...“ *Negative* vorheriger Bezug zum Ankunftsort; Familie am Ankunftsort „..veníamos acá de vez en cuando. Y yo acá también tenía amigos..la mayoría de la gente ya me conocía entonces.“ „Bien. Mejor que allá.“	OK 4-10: Zeitpunkt: Nach der Vertreibung (Abgrenzung zu OK 1-3: *vor* der Vertreibung bzw. die Vertreibung). Abgrenzung OK5/OK8: Doppelzählung einer Analyseeinheit hier zulässig, aber unbedingt notieren! OK5: Ausgliederung beinhaltet auch Familie (nicht nur Gesellschaft).

7. Kriegserfahrung	*Ermittlung der bewussten Information über den Krieg* • *Unterkategorie 1*: Informationsstand (Was wissen die Kinder über die Situation an ihrem Herkunftsort, ihre Familie, dem Konflikt etc.?) • *Unterkategorie 2*: Meinung über Militär, Paramilitär, Guerilla-Gruppierungen • *Unterkategorie 3*: Bedeutung des *conflicto armado, desplazado* • *Unterkategorie 4*: Meinung über den *conflicto armado*	*Positive* *UK2*: „Me caen mal..Porque eso es mera muerte." *UK3*: „...desplazado por la violencia. Que le muera algún familiar que estuvo en la guerilla..o parraco así..como se me murió m papá." *UK4*: „Eso si está grave porque..se está matando mucha gente y eso.." *Negative* (¿Y que piensas de la Guerrilla?) „Nada (geflüstert)."	OK 4-10: Zeitpunkt: *Nach* der Vertreibung (Abgrenzung zu OK 1-3: *vor* der Vertreibung bzw. die Vertreibung). Zur Abgrenzung: Aktuelles Wissen.

8. Familiendynamik
Frage: Ist es zu Veränderungen in der Familiendynamik gekommen?
	Negative Auswirkungen auf die Familiendynamik
	• *Unterkategorie 1*: Veränderung der Rollen (Umkehrung)
	  ○ Bsp.: Mutter arbeitet, Vater arbeitet nicht oder beide Elternteile arbeiten; Kinder kümmern sich um den Haushalt und um die Geschwister.
	• *Unterkategorie 2*: Häusliche Gewalt? (Steigerung)
	  ○ Bsp.: Konflikte, körperliche & verbale Gewalt → Hinweis auf Misshandlung: aggressives Verhalten
	• *Unterkategorie 3*: Beziehungen der Familienmitglieder
	  ○ Bsp.: Der Eltern, Beziehung zu den Eltern und zu den Geschwistern
	• *Unterkategorie 4*: Fragmentierung (andauernde & neue)
	  ○ Bsp.: Familienoberhaupt/Alleinerziehende Mutter; Abwesenheit der Eltern, Verlust (Todesfall) oder Trennung von Familienmitgliedern (Vater, Mutter, Geschwister, Großeltern, Onkeln und Tanten; *nicht nur primäre Bezugspersonen, auch nach desplazamiento*), Bezugspersonen im Gefängnis
	• *Unterkategorie 5*: Befinden der Bezugspersonen (→ Alkoholkonsum?)
	• *Unterkategorie 6*: Wie fühlen sich die Kinder zu Hause?
	→ *Hinweise auf Vernachlässigung (körperliche, emotionale)?*: Passivität, Zurückgezogenheit, Depression und Selbstwert
		Positive
		UK2: „(¿Y tu mami si te pega?) De vez en cuando.. Si me duele.."
		UK3: „Pues no ni tan mal ni tan bien..alli regular."
		UK4: „Con mi mamá y mis hermanos porque mi papá ya habia muerto." „Mi mami me mandó a mi, a mis hermanos..mis hermanos se volvieron a ir y yo me quedé." „ Mi mamá no vivia conmigo un tiempo.."
		UK5: „...es que mi mami es muy rara.." "..la veo muy triste.."
		UK6: „Pues no tan bien..estamos durmiendo en un piso. No tenemos cosas propias..a nosotros nos molestan mucho..y a mi me da rabia eso.."
		Negative
		UK2: „No, no me pegaba. Ella me hablaba no más."
		UK4: „...toda mi familia."
			OK 4-10: Zeitpunkt: *Nach* der Vertreibung (Abgrenzung zu OK 1-3: *vor* der Vertreibung bzw. die Vertreibung)
			Abgrenzung OK5 und OK8: OK5 Beinhaltet Ausgliederung auch Familie oder nur Gesellschaft? (beides) (Doppelzählung einer Analyseeinheit hier zulässig, aber unbedingt notieren!) OK8 → Beziehungen zur erweiterten Familie auch? Ja!
			Abgrenzung OK2/OK8: Doppelzählung einer Analyseeinheit hier zulässig, aber unbedingt notieren!
			UK4: bei Tod von Familienmitglieder Doppelzählung (OK 2 und 8)
			Bei Verlusten, die nach dem *Desplazamiento* stattgefunden haben Doppelzählung OK 8 und OK 10 (wenn durch prekäre Lebensbedingungen bedingt)

9. Schule	*Bedeutung der Schule für die Kinder* • *Unterkategorie 1*: Erfahrungen (+/-) • *Unterkategorie 2*: Gehen sie gerne zur Schule? • *Unterkategorie 3*: Schulleistung	*UK2/3*: „Si.. Porque yo puedo aprender..cuando crezca puedo ser alguien en la vida." (¿Que es lo que más te gusta (de vivir aquí)?) „La escuela."	OK 4-10: Zeitpunkt: Nach der Vertreibung (Abgrenzung zu OK 1-3: *vor* der Vertreibung bzw. die Vertreibung)

10. Lebensqualität
(anhand der Interviews, Fragebögen und Zeichnungen)
	Lebensbedingungen der Kinder
	• *Unterkategorie 1*: Wohnsitz (Beschreibung; +/-)
	  ○ Bsp.: Haus, Wohnung, Hütte
	• *Unterkategorie 2*: Stadtviertel (+/-)
	• *Unterkategorie 3*: Nahrungsversorgung
	• *Unterkategorie 4*: Dienstleistungen
	• *Unterkategorie 5*: Gesundheitliche Probleme
	• *Unterkategorie 6*: Unsicherheit, Gewalt (nicht direkt auf die Familie bezogen), Gedränge
	  ○ Bsp.: Rekrutierungsgefahr, sexueller Missbrauch (fehlende Intimität bei Gedränge)
	• *Unterkategorie 7*: Hinweise auf finanzielle Notlage
		UK3: „O a veces que no tenemos pal desayuno, la comida o al almuerzo..los fines de semana casi no"
		UK6: „(Polizei) ..casi matan a mi hermano.."
		„..mucha gente..demasiada..como vientipico."
		„Es que nosotros dormimos en la sala en una colchoneta..cuatro..osea que mitad pa hombres y mitad pa mujeres."
		„¿Que me va a castigar? ¿Ver televisión? ¡No tenemos! ¿Internet? Es cuando tengo plata.."
			OK 4-10: Zeitpunkt: Nach der Vertreibung (Abgrenzung zu OK 1-3: vor der Vertreibung bzw. die Vertreibung)
			UK 6: Bei Verlusten, die nach dem *Desplazamiento* stattgefunden haben Doppelzählung OK 8 und OK 10 (wenn durch prekäre Lebensbedingungen bedingt)
			Explorativ
			UK 1: Was ist anders?

11. Erfahrungen (*) *Explorativ*	*Bedeutsame Erfahrungen* *Unterkategorie 1*: Das Beste, das ihnen jemals widerfahren ist. *Unterkategorie 2*: Das Schlimmste, das ihnen jemals widerfahren ist.	*UK1*: „Empezar a estudiar." *UK2*: „Que mi papá se haya muerto.."	
12. Wünsche (*) *Explorativ*	*Wünsche der Kinder*	„Que mi papá estuviera vivo, mi sobrina también..mi hermano estuviera fuera de la carcel..que estuvieramos bien."	
13. Rückkehr (*) *Explorativ*	*Frage: Würden die Kinder gerne zurückkehren*	„No..Mucha..mucha guerrilla, mucho parraco..y mis hermanos ya estan grandes. Y de pronto los cogen pa eso.."	
14. Was macht die Kinder glücklich/unglücklich(*) *Explorativ*	*Frage: Was macht dich glücklich? Was macht dich unglücklich?*		
15. Bindung	*Auffälliges Bindungsverhalten, Bindungsstörungen?* • *Unterkategorie 1*: Überangepasstes Verhalten • *Unterkategorie 2*: Auffällige Sorgen um das Befinden der Bezugspersonen • *Allgemeine Beispiele.*: Widerstand, über bindungsrelevante Themen zu sprechen; Hinweise auf die Aktivierung bzw. Deaktivierung von dissoziierten Inhalten (traumatischer Natur), kontrollierende Verhaltensweisen gegenüber. der Bezugsperson (fürsorglich; strafend), Anhänglichkeit, beziehungsvermeidendes Verhalten etc.	*UK 1*: (¿Que pasatiempos tienes?) „¿Pasatiempos (unsicher)?...No sé..ehh..a veces me gusta hacer..a veces me gusta coger allá por la cocina y digamos esto arreglarla o sino..fritar crispetas..o sino jugar con mis amigas. O así." *UK 2*: „Pues yo me siento bien..cuando no tan bien por mi mami porque no está trabajando y ella necesita plata porque como ella no almuerza en restaurante porque es pa niños solamente.."	
16. Symbolik	Phantasiefiguren, *Spielzeug, Tiere, Natur (usw.)*	„Y un dia..esto..un señor esto que que iba como asi por con mi tia y eso..¡esto se nos apareció el diablo!..En la montaña! (¿Y cómo fue eso?) Esto estaba allí..y estomm..pero asi el diablo ¡pero era un perro negro con los ojos rojos! Y entonces el caro se quedo barrado. Y..y..y el perro no dejaba..osea se lo ponía la patica y no podia andar. (¿Y quien te dijo que era el diablo?) ¡¿No'esque tenía los cuernos?! El diablo!? ¡Tenía los ojos rojos! Y no la..y no ladraba. Hacia el sonido de un caballo."	

Die Autorin:

Marcella Birke wurde 1985 als Tochter eines Deutschen und einer Kolumbianerin in Deutschland geboren. Ihre Kindheit und einen großen Teil ihrer Jugend verbrachte sie im Ausland (Washington D.C., Brüssel, London und Québec). Im Jahre 2005 legte sie ihr Abitur an einem deutsch-französischen Gymnasium in Köln ab. Ihr Studium der Psychologie an der Universität zu Köln beendete sie 2012 mit dem Diplom.

Bereits während ihres Studiums sammelte die Autorin an der Kinder- und Jugendpsychiatrie der Uniklinik Köln, im Rahmen eines ehrenamtlichen Engagements in einem Kinderheim in Bogotá, Erfahrungen mit Binnenflüchtlingen und mit psychisch gestörten Kindern. Das besondere Interesse der Autorin an der Binnenvertreibung in Kolumbien ist auf ihre kolumbianischen Wurzeln sowie ihre eigenen Migrationserfahrungen zurückzuführen.